PZ
89

Z. etar.

VIE
DE B. FRANKLIN,
SUIVIE
DE SES ŒUVRES POSTHUMES.
T. II.

VIE
DE
BENJAMIN FRANKLIN,
ÉCRITE PAR LUI-MÊME,

SUIVIE

DE SES ŒUVRES
MORALES, POLITIQUES
ET LITTÉRAIRES,

Dont la plus grande partie n'avoit pas encore été publiée.

TRADUIT DE L'ANGLAIS, AVEC DES NOTES,

PAR J. CASTÉRA.

Eripuit cœlo fulmen sceptrumque tyrannis.

TOME SECOND.

A PARIS,

Chez F. BUISSON, Imp.-Lib. rue Hautefeuille, N°. 20.

AN VI DE LA RÉPUBLIQUE.

ŒUVRES
MORALES, POLITIQUES
ET LITTÉRAIRES
DE
BENJAMIN FRANKLIN,
DANS LE GENRE DU SPECTATEUR.

LETTRE

Sur les innovations dans la langue anglaise, et dans l'art de l'Imprimerie.

A Noé Webster, a Hartford.

Philadelphie, le 26 décembre 1789.

J'ai reçu depuis quelque temps, monsieur, votre dissertation sur la langue anglaise. C'est un excellent ouvrage, et qui sera très-utile à nos compatriotes en leur fesant sentir la nécessité d'écrire correctement. Je vous remercie de l'envoi de ce pamphlet et de l'honneur, que vous m'avez fait, de me le dédier. J'aurois dû vous offrir plutôt ces remerciemens : mais j'en ai été empêché par une forte indisposition.

Je ne puis qu'applaudir à votre zèle, pour conserver la pureté de notre langue, soit dans l'expression, soit dans la prononciation, et pour corriger les fautes, qui ont rapport à l'une et à l'autre, et que commettent sans cesse les habitans de plusieurs des États-Unis. Permettez-moi de vous en citer quelques-unes, quoique vraisemblablement vous les connoissiez déjà. Je voudrois que dans quelqu'un des écrits que vous publierez par la suite, vous prissiez la peine de les improuver, de manière à en faire abandonner l'usage.

Le premier dont je me rappelle est le mot *perfectionné* (1). Quand je quittai la Nouvelle-Angleterre, en 1723, je n'avois

---

(1) Improved.

jamais vu qu'on se fût servi de ce mot que dans le sens d'*amélioré*, excepté dans un vieux livre du docteur Mather, intitulé: *les Bienfaits de la Providence.* Comme ce docteur avoit une fort mauvaise écriture, je crus, en voyant ce mot mis au lieu d'*employé*, que l'imprimeur avoit mal lu le manuscrit (1) et s'étoit trompé. Mais lorsqu'en 1733, je retournai à Boston, je trouvai que cette innovation avoit réussi et étoit devenue fort à la mode. Je voyois souvent que dans la gazette on en fesoit un usage très-ridicule. Par exemple, en annonçant qu'une maison de campagne étoit à vendre, on disoit qu'elle avoit été long-temps *perfectionnée* comme taverne; et en parlant d'un homme qui venoit de mourir, on ne manquoit pas d'observer qu'il avoit été pendant plus de trente ans *perfectionné* comme juge de paix.

Cette acception du mot *perfectionné*

(1) Qu'il avoit pris l'*e* d'employé pour un *i*, l'*l* pour un *r* et l'*y* pour un *v*. (*Note du Traducteur.*)

est particulière à la Nouvelle-Angleterre ; et elle n'est point reçue dans les autres pays, où l'on parle anglais, en-deçà, ni au-delà des mers.

A mon retour de France, j'ai trouvé que plusieurs autres mots nouveaux s'étoient introduits dans notre langue parlementaire. Par exemple, on a fait un verbe du substantif *connoissance*. *Je n'aurois point* connoissancé *cela* (1), dit-on, *si l'opinant n'avoit pas*, etc. On a fait un autre verbe du substantif *avocat*, en disant : *le* représentant qui *avocate*, ou qui a *avocaté cette motion*. — Encore un autre du substantif *progrès* ; et celui-ci est le plus mauvais, le plus condamnable de tous. *Le comité ayant* progressé, *résolut de s'ajourner* (2). Le mot

(1) Au lieu de *donné connoissance de cela*.

(2) De pareilles innovations se sont quelquefois introduites dans l'assemblée nationale de France ; et s'il y en a eu d'heureuses, il y en a eu aussi de très-ridicules. Cet abus menaçoit même de corrompre la pureté de notre langue : mais le bon goût en a fait justice. (*Note du Traducteur*)

résister (1) est un mot nouveau : mais je l'ai vu employer d'une manière neuve, en disant : *Les représentans qui ont résisté à cette mesure à laquelle j'ai toujours moi-même* résisté.

Si vous pensez comme moi sur ces innovations, vous ne manquerez pas de vous servir de tous les moyens qui sont en votre pouvoir pour les faire proscrire.

La langue latine, qui a long-temps servi à répandre les connoissances parmi les différentes nations de l'Europe, est chaque jour plus négligée ; et une des langues modernes, la langue française, l'a remplacée et est devenue presqu'universelle. On la parle dans toutes les cours de l'Europe ; et la plupart des gens de lettres, de tous les pays, ceux même qui ne savent pas la parler, l'entendent assez bien pour pouvoir lire aisément les livres français. Cela donne un avantage considérable à la nation française. Ses écrivains peuvent répandre leurs senti-

(1) Il y a dans l'original *opposer*, qui, en anglais, est le synonyme de *résister*.

mens, leurs opinions, sur les points importans qui ont rapport aux intérêts de la France, ou qui peuvent servir à sa gloire, et contribuer au bien général de l'humanité.

Peut-être n'est-ce que parce qu'il est écrit en français, que le *Traité de Voltaire, sur la Tolérance*, s'est si promptement répandu et a presqu'entièrement désarmé la superstition de l'Europe. L'usage général de la langue française a eu aussi un effet très-avantageux pour le commerce de la librairie; car il est bien reconnu que lorsqu'on vend beaucoup d'exemplaires d'une édition, le profit est proportionnément beaucoup plus considérable, que lorsqu'on vend une plus grande quantité de marchandises d'aucun autre genre. Maintenant il n'y a aucune des grandes villes d'Europe, où l'on ne trouve un libraire français qui a des correspondans à Paris.

La langue anglaise a droit d'obtenir la seconde place. L'immense collection d'excellens sermons imprimés dans cette langue et la liberté de nos écrits politiques (1), sont cause qu'un grand nombre d'ecclésiastiques de différentes sectes et de différentes nations, ainsi que beaucoup de personnes qui s'occupent des affaires publiques, étudient l'anglais et l'apprennent au moins, assez bien pour le lire; et si nous nous efforcions de faciliter leurs progrès, notre langue pourroit devenir d'un usage beaucoup plus général.

Ceux qui ont employé une partie de leur temps à apprendre une langue étrangère, doivent avoir souvent observé, que lorsqu'ils ne la savoient encore qu'imparfaitement, de petites difficultés leur paroissoient considérables, et retardoient beaucoup leurs progrès. Par exemple, un livre mal imprimé, une prononciation mal articulée, rendent inintelligible une phrase qui, lorsqu'elle est imprimée d'une manière correcte, ou prononcée

(1) Quand Franklin écrivoit ceci, les Français n'avoient pas encore l'inappréciable avantage de la liberté de la presse. (*Note du Traducteur.*)

distinctement, est aussitôt comprise. Si nous avions donc voulu avoir l'avantage de voir notre langue plus généralement répandue, nous aurions dû ne pas négliger de faire disparoître des difficultés qui, toutes légères qu'elles sont, découragent ceux qui l'étudient. Mais depuis quelques années, je m'apperçois avec peine qu'au lieu de diminuer, ces difficultés augmentent.

En examinant les livres anglais imprimés depuis le rétablissement des Stuards sur le trône d'Angleterre, jusqu'à l'avènement de Georges II, nous voyons que tous les substantifs commencent par une lettre capitale, en quoi nous avons imité notre langue mère, c'est-à-dire, la langue allemande. Cette méthode étoit sur-tout très-utile à ceux qui ne savoient pas bien l'anglais; car un nombre prodigieux de mots de cette langue, sont à-la-fois verbes et substantifs, et on les épelle de la même manière, quoiqu'on les prononce différemment. Mais les imprimeurs de nos jours ont eu la fantaisie de renoncer à un usage utile, parce qu'ils prétendent que la suppression des lettres capitales fait mieux ressortir les autres caractères, et que les lettres qui s'élèvent au-dessus d'une ligne, empêchent qu'elle n'ait de la grace et de la régularité.

L'effet de ce changement est si considérable, qu'un savant français, qui, quoiqu'il ne sût pas parfaitement la langue anglaise, avoit coutume de lire les livres anglais, me disoit qu'il trouvoit plus d'obscurité dans ceux de ces livres, qui étoient modernes, que dans ceux de l'époque dont j'ai parlé plus haut, et il attribuoit cela à ce que le style de nos écrivains s'étoit gâté. Mais je le convainquis de son erreur, en mettant une lettre capitale à tous les substantifs d'un paragraphe, qu'il entendit aussitôt, quoiqu'auparavant il n'eût pu y rien comprendre. Cela montre l'inconvénient qu'a ce perfectionnement prétendu.

D'après ce goût pour la régularité et l'uniformité de l'impression, on en a aussi, depuis peu, banni les caractères italiques, qu'on avoit coutume d'employer pour les mots auxquels il importoit de faire attention, pour bien entendre le sens d'une phrase, ainsi que pour les mots qu'il falloit lire avec une certaine emphase.

Plus nouvellement encore, les imprimeurs ont eu le caprice d'employer l's rond au lieu de *s* long, qui servoit autrefois à faire distinguer promptement les mots, à cause de la variété qu'il mettoit dans l'impression. Certes, ce changement fait paroître une ligne d'impression plus égale, mais il la rend en même-temps moins lisible; de même que si tous les nés étoient coupés, les visages seroient plus unis, plus uniformes, mais on distingueroit moins les physionomies.

Ajoutez à tous ces changemens, qui ont fait reculer l'art, une autre fantaisie moderne, l'encre grise, qu'on trouve plus belle que l'encre noire. Aussi les livres anglais sont imprimés d'une manière si confuse, que les vieillards ne peuvent les lire qu'au grand jour, ou avec de très-bonnes lunettes. Quiconque fera la comparaison d'un volume d'un journal (1) imprimé depuis 1731 jusqu'à 1740, avec ceux qui ont paru depuis dix ans, sera convaincu que l'impression faite avec de l'encre noire est infiniment plus facile à lire que celle qui est faite avec de l'encre grise.

Lord Chesterfield fit plaisamment la critique de cette nouvelle méthode. Après avoir entendu Faulkener, imprimeur de Dublin, vanter pompeusement sa propre gazette, comme la plus parfaite qu'il y eût dans le monde. — « Mais » monsieur Faulkener, dit-il, ne croyez- » vous pas qu'elle seroit encore plus » parfaite, si l'encre et le papier n'étoient » pas tout-à-fait autant de la même » couleur? » —

D'après toutes ces raisons, je désirerois que nos imprimeurs américains ne se piquassent pas d'imiter ces perfectionnemens imaginaires, et que par con-

(1) The Gentleman's Magazine.

séquent ils rendissent les ouvrages qui sortiront de leurs presses, plus agréables aux étrangers, et avantageux à notre commerce de librairie.

Pour mieux sentir l'avantage d'une impression claire et distincte, considérons la facilité qu'elle donne à ceux qui lisent tout haut, devant un auditoire. Alors, l'œil parcourt ordinairement trois ou quatre mots avant la voix. S'il distingue clairement ces mots, il donne à la voix le temps de les prononcer convenablement : mais s'ils sont obscurément imprimés, ou déguisés par l'omission des lettres capitales et des longs s s, ou de quelqu'autre manière, le lecteur les prononce souvent mal; et s'appercevant de sa méprise, il est obligé de revenir en arrière et de recommencer la phrase ; ce qui diminue nécessairement le plaisir des auditeurs. Ceci me rappelle un ancien vice de notre manière d'imprimer.

L'on sait que quand le lecteur rencontre une question, il doit varier les inflexions de sa voix. En conséquence, il y a une marque qu'on appelle *point* d'interrogation, et qui doit servir à la faire distinguer. Mais ce point est fort mal placé à la fin de la question. Aussi le lecteur, qui ne l'apperçoit que quand il a déjà mal prononcé, est obligé de relire la question. Pour éviter cet inconvénient, les imprimeurs espagnols, plus judicieux que nous, mettent un point d'interrogation au commencement, ainsi qu'à la fin des questions.

Nous commettons encore une faute du même genre, dans l'impression des comédies, où il y a beaucoup de choses marquées pour être dites *à part*. Mais le mot *à part* est toujours placé à la fin de ce qui doit être dit ainsi, au lieu de le précéder, pour indiquer au lecteur qu'il doit donner à sa voix une inflexion différente.

Souvent cinq ou six de nos dames se réunissent pour faire de petites parties de travail, où tandis que chacune est occupée de son ouvrage, une personne de la compagnie leur fait la lecture :

certes, un usage si louable mérite que les écrivains et les imprimeurs cherchent à le rendre le plus agréable possible au lecteur et à l'auditoire.

Recevez avec les assurances de mon estime, mes vœux pour votre prospérité.

B. Franklin.

TABLEAU

DU PRINCIPAL TRIBUNAL

DE PENSYLVANIE,

LE TRIBUNAL DE LA PRESSE.

POUVOIR DE CE TRIBUNAL.

Il peut recevoir et publier les accusations de toute espèce contre toutes personnes, quelque rang qu'elles occupent, et même contre tous les tribunaux inférieurs. Il peut juger et condamner à l'infamie, non-seulement des particuliers, mais des corps entiers, après les avoir entendus, ou sans les entendre, comme il le juge à propos.

EN FAVEUR ET AU PROFIT DE QUELLES PERSONNES CE TRIBUNAL EST ÉTABLI.

Il est établi en faveur d'environ un citoyen sur cinq cents, parce que grace à son éducation, ou à l'habitude de griffonner, il a acquis un style assez correct et le moyen de faire des phrases assez bien tournées, pour supporter l'impression ; ou bien parce qu'il possède une presse et quelques caractères. Cette cinq centième partie des citoyens a le privilège d'accuser et de calomnier à son gré les autres quatre cent dix-neuf parties; ou elle peut vendre sa plume et sa presse à d'autres pour le même objet.

Usages de ce Tribunal.

Il ne suit aucun des règlemens des tribunaux ordinaires. Celui qui est accusé devant lui n'obtient point un grand jury, pour juger s'il y a lieu à accusation avant qu'elle soit rendue publique. On ne lui fait pas même connoître le nom de son accusateur, ni on ne lui accorde l'avantage d'être confronté avec les témoins qui ont déposé contre lui, car ils se tiennent dans les ténèbres, comme ceux du tribunal de l'inquisition d'Espagne.

Il n'a pas non plus un petit jury, formé de

de ses pairs, pour examiner les crimes qu'on lui impute. L'instruction du procès est quelquefois si rapide, qu'un bon et honnête citoyen peut tout-à-coup, et lorsqu'il s'y attend le moins, se voir accuser, et dans la même matinée être jugé, condamné, et entendre prononcer l'arrêt qui le déclare un coquin et un scélérat.

Cependant, si un membre de ce tribunal reçoit la plus légère réprimande, pour avoir abusé de sa place, il réclame aussitôt les droits que la constitution accorde à tout citoyen libre, et il demande à connoître son accusateur, à être confronté avec les témoins, et à être jugé loyalement par un jury composé de ses pairs.

SUR QUOI EST FONDÉE L'AUTORITÉ DU TRIBUNAL.

CETTE autorité est, dit-on, fondée sur un article de la constitution de l'état, qui établit la liberté de la presse, liberté pour laquelle tous les Pensylvaniens sont prêts à combattre et à mourir, quoique fort peu d'entr'eux aient, je crois, une

Tome II. B

idée distincte de sa nature et de son étendue. En vérité, elle ressemble tant soit peu à celle que les loix anglaises accordent aux criminels avant leur conviction; c'est-à-dire, à celle d'être forcés à mourir ou à être pendus.

Si par la liberté de la presse nous entendons simplement la liberté de discuter l'utilité des mesures du gouvernement et des opinions politiques, jouissons de cette liberté de la manière la plus étendue : mais si c'est au contraire, la liberté d'insulter, de calomnier, de diffamer, je déclare que dès que nos législateurs le jugeront à propos, je renoncerai volontiers à la part qui m'en revient; et que je consentirai de bon cœur à changer la liberté d'outrager les autres, pour le privilége de n'être point outragé moi-même.

QUELLES PERSONNES ONT INSTITUÉ CE TRIBUNAL, ET EN NOMMENT LES OFFICIERS.

IL n'est point institué par un acte du conseil suprême de l'état. Il n'y a point de commission établie par lui, pour examiner préalablement les talens, l'intégrité, les connoissances des personnes à qui est confié le soin important de décider du mérite et de la réputation des citoyens ; car le tribunal est au-dessus de ce conseil, et peut accuser, juger et condamner à son gré. Il n'est point héréditaire, comme la cour des pairs en Angleterre. Mais tout homme, qui peut se procurer une plume, de l'encre et du papier, avec quelques caractères, une presse et une paire de grosses balles, peut se nommer lui-même chef du tribunal, et il a aussitôt la pleine possession et l'exercice de tous ses droits. Si vous osez alors vous plaindre, en aucune manière, de la conduite du juge, il vous barbouille le visage avec ses balles partout où il peut vous rencontrer ; et en outre, mettant en lambeaux votre réputation, il vous signale comme l'horreur du public, c'est-à-dire, comme l'ennemi de la liberté de la presse.

DE CE QUI SOUTIENT NATURELLEMENT CE TRIBUNAL.

Il est soutenu par la dépravation de ces ames, à qui la religion n'impose aucun frein, et que l'éducation n'a point perfectionnées.

> De son voisin, publier les sottises,
> Est un plaisir à nul autre pareil (1).

Aussi,

A l'immortalité la médisance vole.
Mais là triste vertu ne naît que pour mourir (2).

Quiconque éprouve quelque peine à entendre bien parler des autres, doit sentir du plaisir lorsqu'on en dit du mal. Ceux qui, en désespérant de pouvoir se distinguer par leurs vertus, trouvent de la consolation à voir les autres ravalés à côté d'eux, sont assez nombreux dans toutes les grandes villes, pour fournir

---

(1) There is a lust in man no charm can tame,
Of loudly publishing his neighbour's shame.

(2) On eagle's wings, immortal, scandals fly,
While virtuous actions are but born and die.

DRYDEN.

aux frais nécessaires d'un des tribunaux de la liberté de la presse.

Un observateur assez ingénieux disoit une fois, qu'en se promenant le matin dans les rues, lorsque le pavé étoit glissant, il distinguoit aisément où demeuroient les bonnes gens, parce qu'ils avoient soin de jeter des cendres sur la glace qui étoit devant leur porte. Probablement il auroit porté un jugement tout différent du caractère de ceux qui fournissent aux frais du tribunal dont nous parlons.

DES MOYENS PROPRES A RÉPRIMER LES ABUS DU TRIBUNAL.

JUSQU'A présent, on n'en a employé aucun. Mais depuis qu'on a tant écrit sur la constitution fédérative des États-Unis, et qu'on a si savamment et si clairement discuté toutes les autres parties d'un bon gouvernement, je me suis instruit au point de m'imaginer qu'il y a quelque moyen de réprimer le tribunal : cependant je n'ai pu en trouver aucun qui ne soit une violation du droit sacré de la liberté de la presse. Mais, je crois en avoir découvert un, qui, au lieu de diminuer la liberté générale, doit l'augmenter; c'est de rendre au peuple une sorte de liberté, dont nos loix l'ont privé, la liberté du bâton.

Lorsque la société étoit dans son enfance, et que les loix n'existoient point encore, si un homme en insultoit un autre, par quelques mauvais propos, l'offensé pouvoit se venger de l'agresseur par un bon coups de poing sur l'oreille; et en cas de récidive, il lui donnoit une volée de coup de bâton. Cela n'étoit contraire à aucune loi. Mais à présent ce droit est interdit. Ceux qui en usent sont punis comme des perturbateurs, tandis que le droit de calomnier est encore dans toute sa force, parce que les loix, qu'on a faites contre lui, sont rendues inutiles par la liberté de la presse.

Je propose donc de ne point toucher à la liberté de la presse, et de lui laisser toute son étendue, sa force, sa vigueur; mais de permettre aussi à la liberté du bâton de marcher avec elle d'un pas égal.

Alors, ô mes concitoyens! si un impudent écrivain attaque votre réputation, qui vous est, peut-être, plus chère que la vie, et s'il met son nom au bas de son barbouillage, vous pourrez aller le trouver en plein jour et lui fendre la tête loyalement. S'il se cache derrière l'imprimeur, et que vous découvriez pourtant qui il est, vous pourrez vous cacher aussi, vous mettre en embuscade la nuit, l'attaquer par derrière, et lui donner une bonne volée de coups de bâton. Si votre adversaire paie de meilleurs écrivains que lui, pour vous mieux calomnier, vous paierez aussi de robustes portefaix, qui auront de meilleurs bras que les vôtres, et qui vous aideront à le mieux rosser.

Telle est mon opinion quant au ressentiment particulier et à la rétribution que méritent les calomnies. Mais si, comme cela doit être, le public est offensé de la conduite des diffamateurs, je ne conseillerai pas d'en venir tout de suite, avec eux, aux moyens que j'ai proposés, mais de nous contenter modérément de les plonger dans une barrique de goudron, de les couvrir de plumes, de les mettre dans une couverte et de les bien berner.

Cependant si l'on croyoit que ma proposition pût troubler le repos public, je recommanderois humblement à nos législateurs de prendre en considération la liberté de la presse et la liberté du bâton, et de nous donner une loi qui marque bien distinctement l'étendue et les limites de l'une et de l'autre; car il est nécessaire que dans le même temps qu'ils mettent la personne d'un citoyen en sûreté contre les attaques des autres, ils s'occupent aussi des moyens d'empêcher qu'on attente à sa réputation.

SUR
L'ART DE NAGER (1).

J'avoue que je n'ai pas le temps de faire toutes les recherches et les expériences qu'exige l'art de nager. C'est pourquoi je me bornerai à faire un petit nombre de remarques.

La gravité spécifique du corps humain relativement à celle de l'eau, a été observée par M. Robinson, et on trouve le résultat de ses expériences dans le volume des *Transactions philosophiques de la société royale de Londres* (2), pour

---

(1) Ceci a été écrit pour répondre à quelques questions de M. Dubourg.

(2) On trouve chez le citoyen *Buisson*, libraire, *rue Hautefeuille*, l'Abrégé des Transactions philosophiques de la Société royale de Londres, traduit de l'anglais, et rédigé par *Gibelin*, et autres Savans, avec 39 planches gravées en taille-douce; 14 vol. *in-8°*.

Il reste très-peu d'exemplaires de ces Mémoires

l'année 1757 (1). Il prétend que les personnes grasses, qui ont les os menus, flottent très-aisément sur l'eau.

La cloche plongeante est aussi décrite dans les *Transactions philosophiques*.

J'avois fait, dans mon enfance, deux palettes ovales, d'environ dix pouces de long et six pouces de large, avec un trou pour pouvoir passer le pouce, et les tenir solidement. Elles ressembloient beaucoup aux palettes des peintres. En nageant, je les poussois horizontalement en avant,

de l'Académie royale de Londres. Cet Ouvrage est complet : il comprend neuf divisions ; savoir :

L'Histoire naturelle, Tremblemens de terre, Volcans, Curiosités naturelles, Fossiles, Pétrifications, Zoologie, Quadrupèdes, Poissons, Insectes, etc. 2 vol. *Botanique*, *Agriculture*, Economie rurale, 2 vol. *Physique expérimentale*, 2 vol. *Chimie*, 1 vol. *Anatomie et Physique animale*, 1 vol. *Médecine et Chirurgie*, 1 vol. *Matière médicale et Pharmacie*, 2 vol. *Mélanges, Observations, Voyages*, 1 vol. *Antiquités, Beaux-Arts, Inventions et Machines*, 2 vol.

En tout 14 vol. On ne les sépare point.

(1) Tome 50, page 30.

et ensuite j'appuyois fortement leur surface sur l'eau en les ramenant en arrière. Je me souviens que ces instrumens me fesoient nager beaucoup plus vîte ; mais ils fatiguoient mes poignets.

J'avois aussi attaché sous chacun de mes pieds une espèce de sandale : mais je n'en étois pas content, parce que j'observai que les pieds des nageurs repoussoient l'eau plutôt avec le dedans et la cheville du pied qu'avec la plante du pied.

Nous avons ici pour nager plus commodément, des corsets faits avec une double toile à voile piquée et garnie en dedans de petits morceaux de liége.

Je ne connois point le scaphandre de Lachapelle.

Je sais, par expérience, qu'un nageur qui a beaucoup de chemin à faire, a beaucoup d'avantage à se retourner de temps en temps sur le dos, et à varier les moyens d'accélérer son mouvement progressif.

Quand il éprouve une crampe à la jambe, le moyen de la faire cesser, est de frapper tout-à-coup la partie qui en est affectée, et il ne peut le faire qu'en se tournant sur le dos et levant sa jambe en l'air.

Durant les grandes chaleurs de l'été, on ne court aucun risque à se baigner, quoiqu'on ait chaud, lorsque la rivière, dans laquelle on se baigne, a été bien échauffée par le soleil. Mais il est très-dangereux de se jeter dans l'eau froide, quand on a fait de l'exercice et quand on a chaud. Je vais en citer un exemple. Quatre jeunes moissonneurs, qui avoient travaillé toute la journée et s'étoient échauffés, voulant se rafraîchir, se plongèrent dans une source froide. Deux d'entr'eux moururent sur-le-champ; un troisième expira le lendemain matin, et le quatrième ne réchappa qu'avec peine. Lorsqu'en pareille circonstance on boit une certaine quantité d'eau froide, dans l'Amérique septentrionale, on en éprouve des effets non moins funestes.

La natation est un des exercices les plus agréables et les plus sains. Quand on nage une heure ou deux, dans la soirée, on dort fraîchement toute la nuit, même dans la saison la plus chaude. Peut-être est-ce parce que les pores de la peau étant alors plus propres, la transpiration insensible en est augmentée et procure cette fraîcheur.

Il est certain qu'un homme attaqué de la diarrhée, se guérit en nageant beaucoup, et éprouve quelquefois un inconvénient tout opposé. Quant aux gens qui ne savent point nager, ou qui ont la diarrhée dans une saison qui ne leur permet point cet exercice, ils peuvent prendre des bains chauds, qui, en nétoyant et rafraîchissant la peau, leur deviennent salutaires, et souvent les guérissent radicalement. Je parle d'après ma propre expérience, et celle des personnes à qui j'ai conseillé de faire comme moi.

Vous ne serez pas fâché si je termine ces observations, faites à la hâte, en vous disant que, comme la méthode ordinaire de nager se borne au mouvement des bras et des jambes, et est par conséquent un exercice fatigant, lorsqu'on a besoin de traverser un espace d'eau considérable, il y a un moyen de nager long-temps avec aisance : ce moyen est de se servir d'une voile. J'en ai fait la découverte heureusement et par hasard, ainsi que je vais vous l'expliquer.

Lorsque j'étois encore fort jeune, je m'amusois un jour avec un cerf-volant; et m'approchant du bord d'un étang, qui avoit près d'un mille de large, j'attachai à un pieu la corde du cerf-volant, qui s'étoit déjà élevé très-haut. Pendant ce temps-là je nageois. Mais voulant jouir des deux plaisirs à-la-fois, j'allai reprendre la corde de mon cerf-volant, et me tournant sur le dos, je m'apperçus que j'étois entraîné sur l'eau d'une manière très-agréable. Je priai alors un de mes camarades de faire le tour de l'étang, et de porter mes vêtemens dans un endroit que je lui indiquai; et tenant toujours la corde du cerf-volant, je traversai l'eau sans la moindre fatigue, et même avec beaucoup de plaisir. Je fus seulement obligé de temps en temps de ralentir un peu ma course, parce que je m'apperçus que quand j'allois trop vîte, le cerf-volant descendoit trop bas. Mais dès que je m'arrêtois, il remontoit.

C'est la seule fois que j'ai fait usage de ce moyen, avec lequel on pourroit, je crois, traverser de Douvres à Calais. Mais le paquebot est encore préférable.

NOUVELLE MODE

DE PRENDRE DES BAINS (1).

Londres, le 28 juillet 1768.

J'APPROUVE beaucoup l'épithète de tonique, que vous donnez, dans votre lettre du 8 juin, à la nouvelle méthode de traiter la petite vérole; et je saisis cette occasion, pour vous faire part de l'usage que j'ai moi-même adopté.

Vous savez que depuis long-temps les bains froids sont employés ici comme un tonique. Mais le saisissement que produit en général l'eau froide, m'a toujours paru trop violent; et j'ai trouvé plus analogue à ma constitution, et plus agréable de me baigner dans un autre élément, c'est-à-dire, dans l'air froid. Je me lève donc, tous les jours, de très-bon matin, et je reste alors sans m'habiller une heure

(1) Ceci est extrait de quelques lettres adressées à M. Dubourg.

ou une demi-heure, suivant la saison, m'occupant à lire, ou à écrire.

Cet usage n'est nullement pénible. Il est, au contraire, très-agréable; et si avant de m'habiller je me remets dans mon lit, comme cela m'arrive quelquefois, c'est un supplément au repos de la nuit, et je jouis une heure ou deux d'un sommeil délectable. Je ne crois point que cela puisse avoir aucun dangereux effet. Ma santé, du moins, n'en est point altérée; et j'imagine, au contraire, que c'est ce qui m'aide à la conserver. C'est pourquoi j'appelerai désormais ce bain, *un bain tonique*.

10 mars 1793.

JE ne tenterai pas d'expliquer pourquoi les vêtemens humides occasionnent des rhumes plutôt que les vêtemens mouillés; parce que j'en doute. J'imagine, au contraire, que ni les uns ni les autres n'ont un tel effet; et que les causes des rhumes sont absolument indépendantes de l'humidité et même du froid. Je me propose d'écrire une petite dissertation sur ce sujet, dès que j'en aurai le temps.

A présent, je me bornerai à vous dire que croyant mal fondée l'opinion commune, qui attribue au froid la propriété de resserrer les pores et d'arrêter la transpiration insensible, j'ai engagé un jeune médecin, qui fesoit des expériences avec la balance de *Sanctorius*, à examiner les différentes proportions de sa transpiration, en restant une heure entièrement nud, et une heure chaudement vêtu. Il a renouvelé cette expérience pendant huit jours consécutifs, et a trouvé que sa transpiration étoit deux fois plus considérable dans les heures qu'il étoit nud.

OBSERVATIONS
SUR LES IDÉES GÉNÉRALES
CONCERNANT LA VIE ET LA MORT (1).

Vos observations sur les causes de la mort, et les moyens que vous proposez pour rappeler à la vie les personnes qui paraissent avoir été tuées par le tonnerre, prouvent également votre sagacité et votre humanité. Il paroît que les idées qu'on a sur la vie et sur la mort, sont en général peu exactes.

Un crapaud enseveli dans du sable, vit, dit-on, jusqu'au moment où ce sable se pétrifie; et alors l'animal étant renfermé dans une pierre, peut vivre encore pendant une longue suite de siècles. Les faits cités à l'appui de cette opinion, sont trop nombreux, et trop bien circonstanciés pour ne pas mériter un certain degré de créance.

(1) Ceci est aussi tiré des lettres à M. Dubourg.

Accoutumés à voir manger et boire tous les animaux qui nous sont familiers, nous avons de la peine à concevoir comment un crapaud peut exister dans une pareille prison. Mais si nous réfléchissons que, dans leur état ordinaire, les animaux n'éprouvent la nécessité de prendre de la nourriture, que parce que la transpiration leur fait perdre continuellement une partie de leur substance, il nous paroîtra moins impossible que ceux qui sont dans l'engourdissement, transpirant moins, parce qu'ils ne font point d'exercice, aient moins besoin d'alimens; et que d'autres, tels que les tortues de terre et de mer, les serpens, et quelques espèces de poisson, qu'on voit couverts d'écailles ou de coquilles, qui arrêtent la transpiration, puissent exister un temps considérable, sans prendre aucune espèce de nourriture.

Une plante, chargée de fleurs, se fane et meurt presqu'aussitôt qu'elle est exposée à l'air, si sa racine n'est point dans un sol humide, où elle pompe une assez grande quantité de substance pour remplacer celle qui s'exhale, et que l'air emporte continuellement. Mais, peut-être, que si elle étoit enveloppée de vif-argent, elle pourroit, pendant un très-long espace de temps, conserver sa vie végétale, son parfum et sa couleur. Alors, cette méthode seroit très-commode pour transporter, des climats lointains, ces plantes délicates, qui ne peuvent supporter l'air de la mer, et qui exigent un soin et des ménagemens particuliers.

J'ai vu un exemple de mouches communes, conservées d'une manière qui a quelque rapport avec celle-là. Elles avoient été noyées dans du vin de Madère, au moment où l'on l'avoit mis en bouteilles, en Virginie, pour l'envoyer à Londres. Lorsqu'on le déboucha, dans la maison d'un de mes amis, chez qui j'étois alors, il tomba trois mouches dans le premier verre qu'on remplit. Comme j'avois entendu dire que des mouches noyées pouvoient être rappelées à la vie, quand on les exposoit aux rayons du soleil, je proposai d'en faire l'expérience sur celles-là. En conséquence, on les mit au soleil, sur un petit tamis, qui avoit servi à passer le vin dans lequel elles étoient.

En moins de trois heures, deux de ces mouches commencèrent à recouvrer la vie par degrés. Elles eurent d'abord quelques mouvemens convulsifs dans les jambes; puis elles se levèrent, frottèrent leurs yeux avec leurs pieds de devant, battirent leurs ailes avec ceux de derrière, et bientôt après, commencèrent à voler, se trouvant dans la vieille Angleterre, sans savoir comment elles y étoient venues. La troisième ne donna aucun signe de vie jusqu'au coucher du soleil, et comme on n'avoit plus aucun espoir de la voir ressusciter, on la jeta.

Je désirerois que, d'après cet exemple, il fût possible d'inventer une méthode d'embaumer les noyés de manière à pouvoir les rappeler à la vie, à une époque très-éloignée; et comme je désire ardemment de voir quel sera l'état de l'Amérique dans cent ans d'ici, au lieu d'attendre une mort ordinaire, je me plongerois dans un tonneau de vin de Madère, avec un petit nombre d'amis, pour être, au bout d'un siècle, rappelé à la vie par le doux soleil de ma chère patrie.

Mais puisque très-probablement nous vivons dans un temps où les sciences sont encore trop dans l'enfance, pour voir un tel art porté à sa perfection, il faut que je me contente du plaisir, que vous me promettez, de voir ressusciter un poulet ou un coq d'Inde.

PRÉCAUTIONS
NÉCESSAIRES
DANS LES VOYAGES SUR MER.

Quand on veut entreprendre un long voyage, il n'y a rien de mieux que de le tenir secret jusqu'au moment du départ. Sans cela, on est continuellement interrompu et tracassé, par des visites d'amis et de connoissances, qui font non-seulement perdre un temps précieux, mais oublier des choses importantes; de sorte que quand on est embarqué et qu'on cingle déjà en pleine mer, on se rappelle avec beaucoup d'inquiétude des affaires non terminées, des comptes non réglés, et un nombre infini de choses qu'on se proposoit d'emporter, et dont on sent, à chaque instant, la privation.

Ne seroit-il pas très-avantageux de changer la coutume de rendre visite aux gens qui vont voyager, de les laisser seuls et tranquilles pendant quelques jours, pour faire leurs préparatifs, et ensuite, prendre congé de leurs amis, et recevoir leurs vœux pour un heureux retour?

Il n'est pas toujours possible de choisir le capitaine avec lequel on doit s'embarquer; et cependant, le plaisir, le bonheur du voyage en dépend; car il faut, pendant un temps, vivre dans sa société, et être, en quelque sorte, soumis à ses ordres. Si c'est un homme spirituel, aimable et d'un caractère obligeant, on en est bien plus heureux.

On en rencontre quelquefois de tels : mais ils sont rares. Toutefois, si le vôtre n'est pas de ce nombre, il peut être bon marin, actif, très-vigilant, et vous devez alors le dispenser du reste; car ce sont les qualités les plus essentielles pour un homme, qui commande un vaisseau.

Quelque droit que, d'après votre accord avec lui, vous ayez à ce qu'il a embarqué pour l'usage des passagers, vous devez prendre toujours quelques provisions particulières, dont vous puissiez vous servir de temps en temps. Il faut donc avoir de bonne eau, parce que celle du vaisseau est souvent mauvaise. Mais mettez la vôtre en bouteilles; car autrement, vous courriez risque de la voir se gâter. Il faut aussi que vous emportiez du bon thé, du café moulu, du chocolat, du vin de l'espèce que vous aimez le mieux, du cidre, des raisins secs, des amandes, du sucre, du sirop de capillaire, des citrons, du rhum, des œufs dans des flacons d'huile, des tablettes de bouillon, et du biscuit. Quant à la volaille, il est presqu'inutile d'en emporter, à moins que vous ne vouliez vous charger du soin de lui donner à manger et de la soigner vous-même. L'on en prend ordinairement si peu de soin à bord, qu'elle est presque toujours malade, et que la viande en est aussi coriace que du cuir.

Tous les marins ont une opinion qui doit sans doute son origine à un manque d'eau, et à la nécessité où l'on a été de l'épargner. Ils prétendent que la volaille est toujours extrêmement altérée; et que quand on lui donne de l'eau à discrétion, elle se tue elle-même en buvant outre mesure. En conséquence, ils ne lui en donnent qu'une fois tous les deux jours, encore est-ce en petite quantité. Mais comme ils versent cette eau dans des auges inclinées, elle court du côté qui est le plus profond; alors les poules sont obligées de monter les unes sur les autres pour en attraper un peu, et il y en a quelques-unes qui ne peuvent pas même y tremper leur bec : dévorées de soif et éprouvant continuellement le tourment de Tantale, elles ne peuvent pas digérer la nourriture très-sèche qu'elles ont pris, et bientôt elles sont malades et périssent. On en trouve, chaque matin, quelqu'une de morte, qu'on jette à la mer, tandis que celles qu'on tue pour la table, valent rarement la peine d'être mangées.

Pour remédier à cet inconvénient, il est nécessaire de diviser les auges en petits compartimens, pour que chacun puisse contenir une certaine quantité d'eau : mais c'est un soin qu'on ne prend guère.

Il est donc sûr que les cochons et les moutons sont les animaux qu'il est plus convenable d'embarquer, parce que la viande de mouton est en général très-bonne à la mer, et celle de cochon, excellente.

Il peut arriver qu'une partie des provisions, que je recommande de prendre, devienne inutile, par les soins qu'aura eus le capitaine, d'en mettre à bord une suffisante quantité. Mais, dans ce cas, vous pouvez en faire présent aux pauvres passagers, qui, payant moins pour leur passage, sont logés dans l'entre-pont avec l'équipage, et n'ont droit qu'à la ration des matelots.

Ces passagers sont quelquefois malades, tristes, abattus : on voit souvent, parmi eux, des femmes, des enfans, qui n'ont pas eu le moyen de se procurer les choses dont je viens de faire mention, et qui leur sont de la plus grande nécessité. En leur distribuant une partie de votre superflu, vous pouvez leur être du plus grand secours ; vous pouvez leur donner la santé, leur sauver la vie, enfin les rendre heureux; avantage qui procure toujours les sensations les plus douces à une ame compatissante!

La chose la plus désagréable en mer, est la manière dont on y apprête à manger; car, à proprement parler, il n'y a jamais à bord de bon cuisinier (1). Le plus mauvais matelot est ordinairement choisi pour cet emploi, et il est presque toujours fort mal-propre. C'est de là que vient ce dicton des marins anglais : — « Dieu » nous envoie la viande et le diable les » cuisiniers ». — Cependant ceux qui ont meilleure opinion de la providence, pensent autrement. Sachant que l'air de la mer, et le mouvement que procure le roulis du vaisseau, ont un étonnant effet pour aiguiser l'appétit, il disent que Dieu a donné aux marins de mauvais cuisiniers, pour les empêcher de trop manger, ou bien que prévoyant qu'ils auroient de

(1) Franklin n'a sans doute voulu parler que des navires marchands en général; car dans les vaisseaux de guerre français et anglais, on fait souvent très-bonne chère. (*Note du Traducteur.*)

mauvais cuisiniers, il leur a donné un bon appétit, pour les empêcher de mourir de faim.

Mais si vous n'avez pas confiance dans ces secours de la providence, vous pouvez vous pourvoir d'une lampe à l'esprit-de-vin et d'une bouilloire, et vous apprêter vous-même quelques alimens, comme de la soupe, des viandes hachées, etc. Un petit fourneau de tôle est aussi très-commode à bord ; et votre domestique peut vous y faire rôtir des morceaux de mouton ou de cochon.

Si vous avez envie de manger du bœuf salé, qui est souvent très-bon, vous trouverez que le cidre est la meilleure liqueur pour étancher la soif qu'occasionnent et cette viande et le poisson salé.

Le biscuit ordinaire est trop dur pour les dents de quelques personnes ; on peut le ramollir en le fesant tremper : mais le pain cuit deux fois est encore meilleur ; parce qu'étant fait de bon pain, coupé par tranches, et remis au four, il s'imbibe tout de suite, devient mou, et se digère facilement. Aussi est-ce une nourriture excellente, et bien préférable au biscuit qui n'a point fermenté.

Il faut que j'observe ici que ce pain remis au four étoit autrefois le biscuit qu'on préparoit pour les vaisseaux ; car en français le mot *biscuit* signifie cuit deux fois. Les pois qu'on mange à bord, sont souvent mal cuits et durs. Alors il faut mettre dans la marmite un boulet de deux livres, et le roulis du vaisseau fait que les pois forment une espèce de purée.

J'ai souvent vu à bord que lorsqu'on servoit la soupe dans des plats trop peu profonds, elle étoit renversée de tous côtés par le roulis du vaisseau ; et alors je désirois que les potiers d'étain divisassent les soupières en compartimens, dont chacun contiendroit de la soupe pour une seule personne. Par ce moyen, on seroit sûr que dans un roulis extraordinaire, ceux qui seroient à table ne courroient pas risque de voir la soupe tomber sur leur poitrine et les brûler.

Maintenant que je vous ai entretenu

de ces choses peu importantes, permettez-moi de conclure ces observations, par quelques réflexions générales sur la navigation.

Quand nous considérons la navigation comme un moyen de transporter des denrées nécessaires, d'un pays où elles abondent dans les lieux où elles manquent, et de prévenir la disette, qui étoit jadis si commune, nous ne pouvons nous empêcher de la regarder comme un des arts qui contribuent le plus au bonheur du genre-humain. Mais quand la navigation n'est employée qu'à charier des choses inutiles, des objets d'un vain luxe, il n'est pas certain que les avantages qui en résultent, suffisent pour contre-balancer les malheurs qu'elle occasionne en mettant en danger la vie de tant d'hommes, qui parcourent sans cesse le vaste Océan; et lorsqu'elle sert à piller des vaisseaux et à transporter des esclaves, elle est, sans contredit, un moyen funeste d'accroître les calamités qui affligent la nature humaine.

On

On ne peut s'empêcher d'être étonné, quand on songe au nombre immense de vaisseaux et d'hommes, qui s'exposent tous les jours en allant chercher du thé à la Chine, du café en Arabie, du sucre et du tabac en Amérique; tous objets, sans lesquels nos ancêtres vivoient fort bien. Le seul commerce du sucre emploie mille vaisseaux, et celui du tabac presqu'autant. Pour l'utilité du tabac, on n'en peut presque rien dire; et quant au sucre, combien ne seroit-il pas plus glorieux de sacrifier le plaisir momentané que nous avons à en prendre deux fois par jour dans notre thé, que d'encourager les cruautés sans nombre qu'on exerce continuellement pour nous le procurer!

Un célèbre moraliste français, dit que quand il considère les guerres que nous fomentons en Afrique pour y acheter des nègres, le grand nombre qu'il en périt dans ces guerres, les multitudes de ces infortunés qui meurent, pendant la traversée, victimes de la maladie, de l'air empoisonné ou de la mauvaise nourriture, et enfin tous ceux qui succombent aux traitemens cruels qu'on leur fait souffrir dans leur état d'esclaves, il ne peut pas voir un morceau de sucre, sans s'imaginer qu'il est rempli de taches de sang humain. Mais s'il ajoutoit aux moyens qui le blessent, les guerres que nous nous fesons les uns aux autres pour prendre et reprendre les îles qui produisent cette denrée, il ne croiroit pas le sucre simplement taché de sang; il verroit qu'il en est entièrement trempé.

Ces guerres sont cause que les puissances maritimes de l'Europe, et les habitans de Paris et de Londres, payent leur sucre bien plus cher que les habitans de Vienne, encore que ceux-ci soient presqu'à trois cents lieues de la mer. Une livre de sucre coûte aux premiers, non-seulement le prix qu'ils donnent pour l'avoir, mais aussi les impôts nécessaires pour soutenir les flottes et les armées destinées à protéger et à défendre les contrées qui le produisent.

SUR
LE LUXE, LA PARESSE,
ET LE TRAVAIL.

A Benjamin Vaughan (1).

1784.

On ne peut s'empêcher d'être étonné, quand on voit combien les affaires de ce monde sont conduites à contre-sens. Il est naturel d'imaginer que l'intérêt d'un petit nombre d'individus devroit céder à l'intérêt général. Mais les individus mettent à leurs affaires beaucoup plus d'application, d'activité et d'adresse que le public n'en met aux siennes; de sorte que l'intérêt général est très-souvent sacrifié à l'intérêt particulier.

Nous assemblons des parlemens et des conseils, pour profiter de leur sagesse

---

(1) Membre du parlement d'Angleterre, pour le bourg de Calne, en Wiltshire. Il étoit lié d'une intime amitié avec Franklin.

collective : mais en même-temps, nous avons nécessairement l'inconvénient de leurs passions réunies, de leurs préjugés et de leurs intérêts personnels. Par ce moyen, des hommes artificieux triomphent de la sagesse, et trompent même ceux qui la possèdent ; et si nous en jugeons par les actes, les arrêts, les édits, qui règlent la destinée du monde et les rapports du commerce, une assemblée d'hommes importans, est le corps le plus fou qui existe sur la terre.

Certes, je n'ai encore rien trouvé pour remédier au luxe. Je ne suis même pas sûr qu'on puisse y réussir dans un grand état, ni que ce soit toujours un mal aussi dangereux qu'on le croit.

Supposons qu'on comprenne, dans la définition du luxe, toutes les dépenses inutiles. Examinons ensuite s'il est possible d'exécuter, dans un pays étendu, les loix qui s'opposent à ces dépenses ; et si, en les exécutant, les habitans de ce pays doivent être plus heureux, ou même plus riches. L'espoir de devenir un jour en état de se procurer les jouissances du luxe, n'est-il pas un puissant aiguillon pour le travail et pour l'industrie? Le luxe ne peut-il pas, par conséquent, produire plus qu'il ne consomme, puisqu'il est vrai que, sans un motif extraordinaire, les hommes seroient naturellement portés à vivre dans l'indolence et dans la paresse ? Cela me rappelle un trait que je vais vous citer.

Le patron d'une chaloupe, qui naviguoit entre le cap May et Philadelphie, m'avoit rendu quelque petit service, pour lequel il refusa toute espèce de paiement. Ma femme apprenant que cet homme avoit une fille, lui envoya en présent, un bonnet à la mode. Trois ans après, le patron se trouvant chez moi avec un vieux fermier des environs du cap May, qui avoit passé dans sa chaloupe, parla du bonnet envoyé par ma femme, et raconta combien sa fille en avoit été flattée. — « Mais, ajouta-t-il, ce bonnet » a coûté bien cher à notre canton ». — « Comment cela, lui dis-je ». — « Oh!

» me répondit-il, quand ma fille parut
» dans l'assemblée, le bonnet fut telle-
» ment admiré, que toutes les jeunes
» personnes voulurent en faire venir de
» pareils de Philadelphie ; et nous cal-
» culâmes, ma femme et moi, que le
» tout n'a pas coûté moins de cent livres
» sterlings ». — « Cela est vrai, dit le
» fermier. Mais vous ne racontez pas
» toute l'histoire. Je pense que le bonnet
» vous a été de quelqu'avantage ; parce
» que c'est la première chose qui a donné
» à nos filles l'idée de tricoter des gants
» d'estame pour vendre à Philadelphie,
» et se procurer, par ce moyen, des
» bonnets et des rubans ; et vous savez
» que cette branche d'industrie s'accroît
» tous les jours et doit avoir encore de
» meilleurs effets ».

Je fus assez content de cet exemple de luxe, parce que non-seulement les filles du cap May devenoient plus heureuses en achetant de jolis bonnets, mais parce que cela procuroit aussi aux Philadelphiennes, une provision de gants chauds.

Dans nos villes commerçantes, situées le long de la mer, les habitans s'enrichissent de temps en temps. Quelques-uns de ceux qui acquièrent du bien, sont prudens, vivent avec économie, et conservent ce qu'ils ont gagné pour le laisser à leurs enfans. Mais d'autres, flattés de faire parade de leur richesse, font des extravagances et se ruinent. Les loix ne peuvent l'empêcher ; peut-être même n'est-ce pas un mal pour le public. Un schelling prodigué par un fou, est ramassé par un sage, qui sait mieux comment il faut en faire usage; et conséquemment, il n'est point perdu.

Un homme vain et fastueux bâtit une belle maison, la meuble avec élégance, y vit d'une manière splendide, et se ruine en peu d'années ; mais les maçons, les charpentiers, les serruriers et d'autres ouvriers honnêtes qu'il a fait travailler, ont pu, par ce moyen, entretenir et élever leur famille. Le fermier a été récompensé des soins qu'il a pris, et le bien a passé en de meilleures mains.

Il est, à la vérité, des cas, où quelques modes inventées par le luxe peuvent devenir un mal public, comme il est lui-même un mal particulier. Par exemple, si un pays exporte son bœuf et sa toile pour payer l'importation du vin de Bordeaux et du porter, tandis qu'une partie de ses habitans ne vivent que de pommes de terre et n'ont point de chemises, cela ne ressemble-t-il pas à ce que fait un fou qui laisse sa famille souffrir la faim et vend ses vêtemens pour acheter de quoi s'enivrer ? Notre commerce américain est, je l'avoue, un peu comme cela. Nous donnons aux Antilles de la farine et de la viande, pour nous procurer du rum et du sucre ; c'est-à-dire, les choses les plus nécessaires à la vie pour des superfluités. Malgré cela, nous vivons bien, et nous sommes même dans l'abondance ; mais si nous étions plus sobres, nous pourrions être plus riches.

L'immense quantité de terres couvertes de bois, que nous avons encore à préparer pour la culture, rendra long-temps notre nation laborieuse et frugale. Si l'on juge du caractère et des mœurs des Américains, par ce qu'on voit le long des côtes, on se trompe beaucoup. Les habitans des villes commerçantes peuvent être riches et adonnés au luxe, tandis que ceux des campagnes possèdent toutes les vertus qui contribuent au bonheur et à la prospérité publique. Ces villes commerçantes ne sont pas très-considérées par les campagnards. Ils les regardent à peine comme une partie essentielle de l'état ; et l'expérience de la dernière guerre a prouvé, que quand elles étoient au pouvoir de l'ennemi, elles n'entraînoient pas la sujétion du reste du pays, qui continuoit vaillamment à défendre sa liberté et son indépendance.

Quelques calculateurs politiques ont compté que si tous les individus des deux sexes, vouloient travailler pendant quatre heures par jour à quelque chose d'utile, ce travail leur suffiroit pour se procurer les choses les plus nécessaires et les agrémens de la vie ; le besoin et la misère seroient bannis du monde, et le reste des vingt-quatre heures pourroit être consacré au repos et aux plaisirs.

Qu'est-ce qui occasionne donc tant de besoin et de misère ? C'est que beaucoup d'hommes et de femmes travaillent à des choses qui ne sont ni utiles, ni agréables, et consomment avec ceux qui ne font rien, les objets de première nécessité, recueillis par les gens utilement laborieux. Je vais expliquer ceci.

Le travail arrache du sein de la terre et des eaux les premiers élémens des richesses. J'ai de la terre, et je recueille du bled. Si, avec cela, je nourris une famille, qui ne fasse rien, mon bled sera consommé, et à la fin de l'année, je ne serai pas plus riche que je ne l'étois au commencement. Mais, si en nourrissant ma famille, j'en occupe une partie à filer, l'autre à faire des briques et d'autres matériaux pour bâtir, le prix de mon bled me restera, et au bout de l'an, nous serons tous mieux vêtus et mieux logés. Mais si au lieu d'employer un homme à faire des briques, je le fais jouer du violon pour m'amuser, le bled qu'il consomme s'en va, et aucune partie de son travail ne reste dans ma famille pour augmenter nos richesses et les choses qui nous sont agréables. Je serai, conséquemment, rendu plus pauvre par mon joueur de violon, à moins que le reste de ma famille n'ait travaillé davantage ou mangé moins, pour remplacer le déficit qu'il aura occasionné.

Considérez le monde, et voyez des millions de gens occupés à ne rien faire, ou du moins, à faire des choses qui ne produisent rien, tandis qu'on est embarrassé pour se procurer les commodités de la vie, et même le nécessaire. Qu'est-ce, en général, que le commerce pour lequel nous combattons et nous nous égorgeons les uns les autres? N'est-ce pas la cause des fatigues de plusieurs millions d'hommes, qui courent après des superfluités, et perdent souvent la vie, en s'exposant aux dangers de la mer? Combien de travail ne perd-on pas, en construisant et équipant de grands vaisseaux, pour aller chercher en Chine du thé, en Arabie du café, aux Antilles du sucre, et dans l'Amérique septentrionale, du tabac. On ne peut pas dire que ces choses sont nécessaires à la vie; car nos ancêtres vivoient fort bien sans les connoître.

On peut faire une question. Tous ceux qui sont maintenant employés à recueillir, à faire ou à charier des superfluités, pourroient-ils subsister en cultivant des denrées d'une nécessité première? — Je crois qu'oui. La terre est très-vaste, et une grande partie de sa surface est encore sans culture. Il y a en Asie, en Afrique, en Amérique, des forêts, qui ont plusieurs centaines de millions d'acres; il y en a même beaucoup en Europe. Un homme deviendroit un fermier d'importance, en défrichant cent acres de ces forêts; et cent mille hommes à défricher chacun cent acres, ne feroient pas une lacune assez grande pour être visible de la lune, à moins qu'on n'y eût le télescope d'Herschel ; tant sont vastes les pays que les bois couvrent encore !

C'est, cependant, une sorte de consolation, que de songer que parmi les hommes, il y a encore plus d'activité et de prudence que de paresse et de folie. De là provient cette augmentation de beaux édifices, de fermes bien cultivées, de villes riches et populeuses, qui se trouvent dans toute l'Europe, et qu'on n'y voyoit autrefois que sur les côtes de la Méditerranée. Cette prospérité est même d'autant plus remarquable, que des guerres insensées exercent continuellement leurs ravages, et détruisent souvent en une seule année les travaux de plusieurs années de paix. Nous pouvons donc espérer que le luxe de quelques marchands des côtes des États-Unis de l'Amérique ne causera pas la ruine de leur pays.

Encore une réflexion, et je termine cette vague et longue lettre. Presque toutes les parties de notre corps nous obligent à quelque dépense. Nos pieds ont besoin de souliers, nos jambes de bas, le reste du corps exige des habillemens, et notre estomac une bonne quantité de nourriture. Quoiqu'excessivement utiles, nos yeux, quand nous sommes raisonnables, demandent l'assistance peu coûteuse de lunettes, qui ne peuvent pas beaucoup déranger nos finances. Mais les yeux des autres sont les yeux qui nous ruinent. Si tout le monde étoit aveugle, excepté moi, je n'aurois besoin ni de magnifiques habits, ni de belles maisons, ni de meubles élégans.

SUR LA TRAITE DES NÈGRES.

23 mars 1790.

En lisant dans les gazettes, le discours adressé par M. Jackson (1), au congrès américain, contre ceux qui se mêlent de l'esclavage des nègres, ou qui essaient d'adoucir la condition des esclaves, je me suis rappelé un discours pareil, prononcé il y a environ cent ans, par Sidi Mehemet Ibrahim, membre du divan d'Alger, ainsi qu'on peut le voir dans la relation que Martin a publiée de son consulat, en 1687.

Ce discours avoit pour but d'empêcher qu'on n'eût égard à la pétition de la secte des *Erika*, ou Mahométans purs, qui regardoient la piraterie et l'esclavage comme injuste, et en demandoient l'abolition. M. Jackson ne le cite pas : mais, peut-

(1) L'un des représentans de la Géorgie.

être, ne l'a-t-il pas lu. S'il se trouve dans son éloquent discours quelques raisonnemens de Sidi Mehemet, cela prouve seulement que les intérêts des hommes influent et sont influencés d'une manière étonnamment semblable dans tous les climats, où ils se trouvent dans des circonstances pareilles. Voici la traduction du discours africain.

« ALLA Bismillah, etc. Dieu est grand,
» et Mahomet est son prophète!

» Ont-ils considéré, ces Erika, les con-
» séquences que pourroit avoir ce qu'ils
» proposent dans leur pétition? Si nous
» mettions un terme à nos croisières
» contre les chrétiens, comment nous
» procurerions-nous les denrées que pro-
» duit leur pays, et qui nous sont si
» nécessaires? Si nous renonçons à les
» rendre esclaves, qui est-ce qui culti-
» vera la terre, dans nos brûlans climats?
» Qui est-ce qui fera les travaux les plus
» communs dans nos villes? Qui est-ce
» qui nous servira dans nos maisons?
» Ne serons-nous pas alors nos propres
» esclaves?

» esclaves? et ne devons-nous pas plus
» de compassion et de faveur à nous,
» musulmans, qu'à ces chiens de chré-
» tiens?

» Nous avons maintenant plus de cin-
» quante mille esclaves, à Alger et dans
» les environs. Si nous n'en recevons
» pas de nouveaux, bientôt ce nombre
» diminuera, et sera insensiblement ré-
» duit à rien. Si nous cessons de prendre
» et de piller les vaisseaux des infidèles,
» et de réduire à l'esclavage l'équipage
» et les passagers, nos terres n'auront
» plus aucune valeur, faute de cul-
» ture; les loyers de nos maisons dimi-
» nueront de moitié ; et le gouver-
» nement, privé de la part qu'il retire
» des prises, verra ses revenus pres-
» qu'anéantis.

» Et pourquoi? Pour céder aux fantai-
» sies d'une secte capricieuse, qui vou-
» droit, non-seulement nous empêcher
» de faire de nouveaux esclaves, mais
» nous forcer d'affranchir ceux que nous
» avons. Mais si les maîtres perdent leurs

Tome II. E

» esclaves, qui les en dédommagera?
» Sera-ce l'état? Le trésor public y suf-
» fira-t-il? Sera-ce les Erika? En ont-ils
» les moyens? ou voudroient-ils, pour
» faire ce qu'ils croient juste à l'égard
» des esclaves, commettre une plus
» grande injustice envers les proprié-
» taires?

» Si nous donnons la liberté à nos
» esclaves, qu'en ferons-nous? Peu d'en-
» tr'eux voudront retourner dans leur
» pays natal. Ils savent trop bien qu'ils
» y auroient à souffrir bien plus que
» parmi nous. Ils ne veulent point em-
» brasser notre sainte religion; ils ne
» veulent point adopter nos mœurs. Nos
» frères ne veulent pas se souiller par
» des mariages avec des personnes de
» cette race. Devons-nous les laisser
» mandier dans nos rues, ou souffrir
» qu'ils pillent nos propriétés? car les
» hommes accoutumés à l'esclavage, ne
» travaillent point pour gagner leur vie,
» à moins qu'ils n'y soient forcés.

» Mais qu'y a-t-il donc de si mal-

» heureux dans leur condition présente?
» N'étoient-ils pas esclaves dans leur
» pays? L'Espagne, le Portugal, la France,
» l'Italie, ne sont-ils pas gouvernés par
» des despotes qui tiennent leurs sujets
» dans l'esclavage, sans aucune excep-
» tion? L'Angleterre elle-même ne
» traite-t-elle pas ses matelots en es-
» claves? car, lorsque le gouvernement
» le veut, ils sont enlevés, renfermés
» dans des vaisseaux de guerre, con-
» damnés non-seulement à travailler,
» mais à combattre pour de très-petits
» gages, et un peu de nourriture qui
» ne vaut pas mieux que celle que nous
» donnons à nos esclaves.

» Leur condition est-elle donc de-
» venue pire, parce qu'ils sont tombés
» entre nos mains? Non. Ils n'ont fait
» que changer un esclavage pour l'autre;
» et je puis dire pour un meilleur; car
» ils sont ici sur une terre où le soleil
» de l'Islamisme répand sa lumière et
» brille dans toute sa splendeur. Ils y
» ont occasion de connoître la véritable

» doctrine, et de sauver leurs ames.
» Ceux qui restent dans leur pays, sont
» privés de ce bonheur. Ainsi, renvoyer
» les esclaves dans les lieux où ils sont nés,
» ce seroit les faire passer de la lumière
» dans les ténèbres.

» Je répète la question. Si l'on donne
» la liberté aux esclaves, qu'en fera-t-on ?
» J'ai entendu dire qu'on les transplan-
» teroit dans le désert où il y a une vaste
» étendue de terre, sur laquelle ils pour-
» roient subsister, et former un état libre
» et florissant. Mais je crois qu'ils sont trop
» peu portés à travailler volontairement,
» et trop ignorans pour établir un bon
» gouvernement. D'ailleurs, les Arabes
» sauvages les opprimeroient, les dé-
» truiroient ou les réduiroient de nou-
» veau à l'esclavage.

» Tandis qu'ils nous servent, nous
» avons soin de leur fournir tout ce qui
» leur est nécessaire, et nous les traitons
» avec humanité. Dans les pays où ils
» sont nés, la classe de ceux qui tra-
» vaillent est, ainsi que j'en suis in-

» formé, plus mal nourrie, plus mal
» logée, plus mal vêtue. La condition
» de la plupart d'entr'eux est donc déjà
» améliorée, et n'exige rien de plus. —
» Ici, ils vivent en sûreté ; ils ne sont
» point sujets à devenir soldats, et à être
» forcés de s'égorger les uns les autres,
» comme dans les guerres qu'on fait chez
» eux.

» Si quelques-uns de ces bigots in-
» sensés, qui nous fatiguent à présent
» de leurs sottes pétitions, ont, dans
» l'excès d'un zèle aveugle, affranchi
» leurs esclaves, ce n'est ni par géné-
» rosité, ni par humanité. C'est parce
» qu'accablés du fardeau de leurs pé-
» chés, ils ont espéré que le mérite pré-
» tendu de cette action les sauveroit
» d'une damnation éternelle. Mais com-
» bien ils se trompent grossièrement
» en imaginant que l'esclavage est con-
» damné par l'alcoran ! Je ne citerai ici
» que deux préceptes qui sont la preuve
» du contraire : — Maîtres, traitez vos
» esclaves avec douceur. — Esclaves,

» servez vos maîtres avec fidélité. —
» Ce livre sacré ne défend pas non plus
» de piller les infidèles; puisqu'il est
» bien connu, d'après lui, que Dieu a
» donné le monde et tout ce qu'il con-
» tient, à ses fidèles Musulmans, et
» qu'ils ont le droit d'en jouir autant
» qu'ils pourront y étendre leurs con-
» quêtes.

» Ne prêtons donc plus l'oreille à la
» détestable proposition d'affranchir les
» esclaves chrétiens. Si elle étoit adoptée,
» le prix de nos terres et de nos maisons
» diminueroit ; beaucoup de bons ci-
» toyens seroient dépouillés de leur pro-
» priété ; le mécontentement deviendroit
» universel et provoqueroit des insurrec-
» tions qui mettroient en danger le gou-
» vernement, et la confusion générale
» seroit bientôt à son comble. Je ne
» doute donc pas que ce sage conseil
» ne préfère la tranquillité et le bonheur
» de toute une nation de vrais croyans,
» au caprice de quelques Erika, et ne
» rejette leur pétition.

Le consul Martin nous apprend que la résolution du divan portoit : — « Que la doctrine qui prétendoit qu'il étoit injuste de piller les Chrétiens et de les rendre esclaves, paroissoit au moins problématique : mais que l'intérêt qu'avoit l'état à maintenir cet usage, étoit clair; et qu'ainsi la proposition seroit rejetée ». — Et, en effet, elle le fut.

Puisque les mêmes motifs produisent dans l'ame des hommes, des opinions et des résolutions semblables, ne pouvons-nous pas, sans parler de notre congrès Américain, nous hasarder à prédire que les adresses présentées au parlement d'Angleterre, pour l'abolition de la traite des nègres, et les débats qui auront lieu à ce sujet, auront le même effet que ceux du divan d'Alger?

OBSERVATIONS
SUR LA GUERRE.

D'APRÈS la première loi des nations, la guerre et la destruction étoient destinées à punir l'injure : en s'humanisant par degrés, elles admirent l'esclavage au lieu de la mort ; ensuite, l'échange des prisonniers succéda à l'esclavage ; et enfin, pour respecter davantage la propriété des particuliers, les conquérans se contentèrent de régner sur eux.

Pourquoi cette loi des nations ne s'amélioreroit-elle pas encore ? Des siècles se sont écoulés entre les divers changemens qu'elle a éprouvés : mais comme de nos jours l'esprit humain a fait des progrès plus rapides, pourquoi le perfectionnement de la loi des nations ne seroit-il pas accéléré ? Pourquoi ne conviendroit-on pas désormais que dans toutes les guerres, on n'attaqueroit point certaines classes d'hommes, que même les partis opposés les protégeroient également, et leur permettroient de se livrer à leurs travaux avec sécurité? Ces hommes seroient:

1°. Les agriculteurs, parce qu'ils travaillent pour la subsistance du genre-humain.

2°. Les pêcheurs, qui ont le même but que les agriculteurs.

3°. Les marchands, dont les navires ne sont point armés, et qui sont utiles aux différentes nations, en leur portant des denrées ou des marchandises agréables.

4°. Les artistes et les ouvriers qui travaillent dans des villes sans défense.

Il n'est pas, sans doute, nécessaire d'ajouter que les hôpitaux de l'ennemi devroient être, non pas inquiétés, mais secourus au besoin. — L'intérêt général de l'humanité exigeroit qu'on diminuât les causes de la guerre, et tout ce qui peut exciter à la faire. Si l'on interdisoit le pillage, on auroit moins d'ardeur à combattre, et vraisemblablement la paix seroit bien plus durable.

L'usage de voler les marchands en pleine mer est un reste de l'ancienne piraterie ; et quoiqu'il soit accidentellement avantageux à quelques particuliers, il est loin de l'être à tous ceux qui l'entreprennent, et aux nations qui l'autorisent. Au commencement d'une guerre, quelques navires richement chargés sont surpris et enlevés ; cela encourage les premiers armateurs des corsaires à en armer de nouveaux. Beaucoup d'autres les imitent. Mais, en même-temps, l'ennemi devient plus soigneux. Il équipe mieux ses vaisseaux marchands, et les rend plus difficiles à prendre. Il les fait aussi partir plus souvent sous la protection d'un convoi. Tandis que les corsaires se multiplient, les navires qui peuvent être pris et les chances du profit diminuent ; de sorte qu'il y a beaucoup de croisières où les dépenses surpassent le gain. C'est alors une loterie comme les autres. Quoiqu'un petit nombre de particuliers y gagne, la masse de ceux qui y mettent perd. La totalité de ce que coûte l'armement de tous les corsaires, durant le cours d'une guerre, excède de beaucoup le montant de toutes les prises.

Ainsi, une nation perd tout le travail de beaucoup d'hommes, pendant le temps qu'ils sont employés à voler. En outre, ce que ces hommes acquièrent, ils le dépensent en s'enivrant et en s'abandonnant à toute sorte de débauches. Ils perdent l'habitude du travail. A la paix, ils sont rarement propres à reprendre des occupations honnêtes, et ne servent qu'à augmenter le nombre des scélérats qui infestent les villes, et des voleurs de grand-chemin.

Les armateurs mêmes, qui ont été heureux, aveuglés par la rapidité de leur fortune, se livrent à une manière de vivre dispendieuse, et ne pouvant plus y renoncer, lorsque les moyens d'y suffire diminuent, finissent par se ruiner : juste punition de l'extravagante cruauté qu'ils ont eue de réduire à la misère les familles de beaucoup d'honnêtes commerçans, employés à servir l'intérêt commun du genre-humain.

SUR

LA PRESSE DES MATELOTS (1).

Le juge Foster, page 158 de son ouvrage, dit : « Chaque homme » cette conclusion du tout à une partie ne me semble pas d'une bonne logique. — Si l'alphabet disoit : — « Que toutes nos lettres com-
» battent pour la défense commune. — »
Il y auroit de l'égalité, et par conséquent de la justice. Mais s'il disoit : — « Qu'A,
» B, C, D, s'arment et combattent pen-
» dant que les autres lettres resteront
» chez elles et dormiront tranquilles ». —
Cela ne serait point égal, et conséquemment ne pourroit être juste.

Ibid. — « Employez » — s'il vous plaît.

(1) Ce morceau est composé de diverses notes, que Franklin avoit écrites avec un crayon, sur les marges d'un exemplaire de la fameuse *Apologie de la Presse des Matelots*, par le juge Foster.

Le mot signifie engager un homme à travailler pour moi, en lui offrant des gages suffisans pour lui faire préférer mon service à tout autre. Cela est fort différent de forcer un homme à travailler aux conditions qui me conviendront.

Ib. — « Ce service et occupation, etc ». Ceci est faux. Son occupation et son service ne sont pas les mêmes. Un vaisseau marchand n'est point un vaisseau armé. Il n'est point obligé à combattre, mais à transporter des marchandises. Le matelot, qui est au service du roi, est forcé de combattre, et de s'exposer à tous les dangers de la guerre. Les maladies sont aussi plus communes et plus souvent mortelles à bord des vaisseaux du roi que dans les vaisseaux marchands. A la fin d'une campagne, un matelot peut quitter le service des marchands, et non le service du roi. En outre, les marchands lui donnent de meilleurs gages.

Ib. « Je suis très-certain, etc ». — Ici on compare deux choses qui ne sont pas comparables, l'injustice faite aux gens de mer, et les embarras occasionnés au commerce. Les embarras qu'éprouve tout le commerce d'une nation, ne justifient point l'injustice faite à un seul matelot. Si le commerce souffroit de ce qu'un matelot ne seroit point à son service, il pourroit et devroit lui offrir des gages qui le décideroient à y entrer volontairement.

Page 159. — « Un mal particulier doit être supporté avec patience, pour prévenir une calamité générale ». — Cette maxime peut-elle se trouver dans les loix et dans une bonne politique ? et peut-il y avoir une maxime contraire au sens commun ? Si la maxime disoit que les maux particuliers qui préviennent une calamité nationale, doivent être généreusement compensés par la nation, on pourroit l'entendre : mais quand elle dit seulement que ces maux doivent être supportés avec patience, elle est absurde !

Ib. « L'expédient, etc ». — Vingt plans inutiles ou incommodes n'en justifient pas un qui est inique.

Ib. — « Sur le pied de, etc ». — Certes, votre raisonnement ressemble à un mensonge. Il se tient sur un pied. La vérité se tient sur deux.

Page 160. « — De bons gages ». Probablement les mêmes qu'on a dans les vaisseaux marchands ?

Page 174. — « J'admets difficile-
» ment, etc. » — Quand cet auteur parle de la presse, il diminue, autant qu'il le peut, l'horreur qu'inspire cette coutume, en représentant qu'un matelot souffre seulement une *fatigue*, comme il l'appelle tendrement, *dans quelques cas particuliers*; et il oppose à ce mal particulier, les embarras du commerce de l'état. Mais si, comme il le suppose, le cas arrive souvent, le matelot, qui est pressé, et obligé à servir pour la défense du commerce au prix de vingt-cinq schellings par mois, pourroit gagner trois livres sterlings et quinze schellings au service d'un marchand, et vous lui prenez chaque mois cinquante schellings. Or, si vous employez cent mille matelots, vous dé-

robez à ces hommes honnêtes et industrieux et à leurs pauvres familles, deux cent cinquante mille livres sterlings par mois, ou trois millions sterlings par an ; et, en même-temps, vous les forcez de hasarder leur vie, en combattant pour la défense de votre commerce ; défense à laquelle devroient sans doute contribuer tous les membres de la société, et les matelots comme les autres, en proportion du profit que chacun en retire. Ces trois millions excéderoient, dit-on, la part qui devroit leur revenir s'ils n'avoient pas payé de leur personne ; mais quand vous les forcez à se contenter de si peu, il me semble que vous devriez les exempter de combattre.

Cependant on peut dire que si l'on allouoit aux matelots qui servent dans les vaisseaux du roi, les mêmes gages qu'ils pourroient avoir dans les vaisseaux marchands, il en coûteroit trop cher à la nation, et l'on seroit obligé d'augmenter les impôts. Alors la question se réduit à ceci : — Est-il juste que dans une société
les

les riches forcent la classe la plus pauvre à combattre pour leur défense et celle de leurs propriétés, en lui fixant arbitrairement des gages, et en la punissant si elle refuse? — Le juge Foster nous dit que cela est *légal*.

Je ne connois pas assez les loix pour prétendre que ce principe n'est pas fondé sur quelqu'autorité: mais je ne puis me persuader qu'il soit équitable. Je veux bien avouer pour un moment qu'il peut être légal quand il est nécessaire : mais, en même-temps, je soutiens qu'il ne peut être employé de manière à produire les mêmes bons effets, c'est-à-dire, la sécurité publique, sans faire commettre une aussi intolérable injustice, que celle qui accompagne la presse des matelots.

Pour mieux me faire entendre, je ferai d'abord deux observations. La première, c'est qu'on pourroit avoir pour les vaisseaux de guerre des matelots de bonne volonté, si l'on les payoit suffisamment. Ce qui le prouve, c'est que pour servir dans ces vaisseaux et courir les mêmes dangers, on n'a besoin de presser ni les capitaines, ni les lieutenans, ni les gardes-marine, ni les trésoriers, ni beaucoup d'autres officiers. Pourquoi? Parce que les profits de leurs places ou leurs émolumens, sont d'assez puissans motifs pour les leur faire rechercher. Il ne faudroit donc que trouver assez d'argent pour engager les matelots à servir de bonne volonté comme leurs officiers, sans mettre pourtant de nouveaux impôts sur le commerce.

La seconde de mes observations est que vingt-cinq schellings par mois avec une ration de bœuf, de porc salé et de pois, étant jugés suffisans pour faire subsister un matelot qui travaille beaucoup, ils doivent suffire aussi à un homme de plume et à un jurisconsulte sédentaire. Je voudrois donc qu'on établît une caisse, qui serviroit à donner des récompenses aux marins. Pour remplir cette caisse, je proposerois de presser un grand nombre d'officiers civils, qui ont à présent de gros salaires, et de les obliger à remplir leurs emplois pour vingt-cinq schellings par mois, avec une ration pareille à celle des gens de mer, afin de verser le surplus de leurs salaires dans la caisse des matelots.

Si l'on me chargeoit de faire exécuter l'ordre d'une telle presse, le premier que je ferois presser seroit un assesseur de Bristol, ou un juge nommé *Foster*. J'aurois besoin de son édifiant exemple, pour montrer comment on doit se soumettre à la presse, car il trouveroit assurément que, quoique ce soit un *mal particulier* d'être réduit à vingt-cinq schellings par mois, il faut, conformément à sa maxime légale et politique, *le supporter avec patience*, afin de prévenir une calamité nationale.

Alors, je presserois le reste des juges; et ouvrant le livre rouge, je n'oublierois aucun des officiers civils du gouvernement, depuis ceux qui n'ont qu'un salaire de cinquante livres sterlings par an, jusqu'à ceux qui en ont cinquante mille. Ces messieurs n'auroient pas à se plaindre, puisqu'ils recevroient vingt-cinq schellings par mois, avec une ration ; et encore sans être obligés de combattre. Enfin, je crois que je ferois presser * * *.

SUR
LES LOIX CRIMINELLES,
ET
SUR L'USAGE D'ARMER EN COURSE.

A Benjamin Vaughan.

14 mars 1785.

Mon ami,

Parmi les pamphlets, que vous m'avez fait passer dernièrement, il y en a un intitulé : *Pensées sur la Justice exécutive.* — Je vous envoie, en revanche, une brochure française sur le même sujet. Elle a pour titre : *Observations concernant l'exécution de l'article II de la Déclaration sur le Vol.*

L'un et l'autre de ces ouvrages sont adressés aux juges, mais écrits, comme vous le verrez, dans un esprit très-différent. L'auteur anglais veut qu'on pende tous les voleurs. Le français prétend qu'on doit proportionner la punition au crime.

Si nous croyons réellement, ainsi que nous fesons profession de le croire, que la loi de Moyse étoit la loi de Dieu, et l'émanation de la sagesse divine, infiniment supérieure à la sagesse humaine, d'après quel principe pouvons-nous donner la mort pour punir une offense, qui, conformément à cette loi, ne devroit être punie que par la restitution du quadruple de l'objet enlevé ? — Mettre à mort un homme, pour un crime qui ne le mérite point, n'est-ce pas commettre un meurtre? Et, comme dit l'auteur français, doit-on punir un délit contre la société par un crime contre la nature ?

Une propriété superflue est de l'invention de la société. Des loix simples et douces suffisent pour conserver les propriétés purement nécessaires. L'arc du sauvage, sa hache et son vêtement de peaux n'exigent pas qu'une loi lui en assure la conservation. Ils sont suffisamment gardés par la crainte de son ressentiment et de sa vengeance. Lorsqu'en vertu des premières loix, une partie de la société accumula des richesses et devint puissante, elle fit des loix plus sévères, et voulut, aux dépens de l'humanité, conserver ce qu'elle possédoit. Ce fut un abus du pouvoir, et un commencement de tyrannie.

Si, avant de faire entrer un sauvage en société, on lui avoit dit : — « Par le » moyen du pacte social, ton voisin » pourra devenir propriétaire de cent » daims. Mais si ton frère, ton fils ou » toi-même, vous n'avez pas de daims, » et qu'ayant faim, vous vouliez en tuer » un, vous serez obligés de subir une » mort infame ». — Alors le sauvage auroit probablement préféré sa liberté, et le droit commun de tuer des daims, à tous les avantages de la société qu'on lui proposoit.

Il vaut mieux que cent coupables soient sauvés que non pas qu'un innocent périsse : c'est une maxime qui a été long-temps et généralement approuvée; et je

ne crois pas qu'on l'ait jamais combattue. Le sanguinaire auteur des *Pensées, sur la Justice exécutive*, convient lui-même qu'elle est juste ; et il remarque fort bien : — « Que la seule idée de l'inno-
» cence *outragée*, et plus encore celle
» de l'innocence *souffrante*, doit ré-
» veiller en nous tous les sentimens de
» la plus tendre compassion, et en même-
» temps, exciter la plus vive indignation
» contre les instrumens de ses maux ».
— Mais il ajoute : — « Que l'innocence
» ne sera jamais exposée ni à être ou-
» tragée, ni à souffrir, si l'on suit stric-
» tement les loix ». — Est-ce bien vrai ?
— Est-il donc impossible de faire une loi injuste ? Et si la loi elle-même est injuste, ne sera-t-elle pas le véritable instrument qui excitera une indignation générale ?

J'apprends, par les dernières gazettes de Londres, qu'une femme y a été condamnée capitalement pour avoir dérobé, dans une boutique, de la gaze qui valoit quatorze schellings trois sous. Y a-t-il donc quelque proportion entre le tort fait par un vol de quatorze schellings trois sous, et la punition d'une créature humaine, qu'on fait mourir au gibet ? Cette femme ne pouvoit-elle pas, par son travail, remplacer quatre fois la valeur de son vol, ainsi que Dieu l'a ordonné ? Tous les châtimens infligés au-delà de ce que mérite le crime, ne sont-ils pas une punition de l'innocence ? Si ce principe est vrai, combien l'innocence, non-seulement est *outragée* mais *souffre* chaque année, dans presque tous les états civilisés de l'Europe !

Il semble qu'on a pensé que cette sorte d'innocence pouvoit être punie pour prévenir les crimes. Je me rappelle avoir lu qu'un turc cruel, qui habitoit les côtes de Barbarie, n'achetoit jamais un esclave chrétien sans le condamner aussitôt à être pendu par les jambes et à recevoir cent coups de bâton sur la plante des pieds, afin que le souvenir de ce châtiment sévère et la crainte de le subir de nouveau, l'empêchassent de commettre des fautes qui pourroient le lui mériter.

L'auteur du pamphlet anglais auroit lui-même de la peine à approuver la conduite de ce turc dans un gouvernement d'esclaves; et cependant il paroît recommander quelque chose de semblable pour le gouvernement des Anglais, quand il applaudit le discours du juge Burnet à un voleur de chevaux. On demandoit à ce voleur ce qu'il avoit à dire pour n'être pas condamné à mort. Il répondit qu'il étoit bien cruel de pendre un homme pour avoir *seulement* volé un cheval. — « Homme, répliqua le juge, tu ne » seras pas pendu pour avoir *seulement* » volé un cheval; mais pour que les » chevaux ne puissent pas être volés ».

Il me semble que la réponse du voleur, examinée loyalement, doit paroître raisonnable, parce qu'elle est fondée sur le principe éternel de l'équité, qui veut que le châtiment soit proportionné à l'offense; et la réplique du juge est brutale et insensée. Cependant, l'auteur du pamphlet — « désire que tous les juges

» se la rappellent quand ils vont tenir
» leurs assises; parce qu'elle contient
» la sage raison des peines qu'ils sont
» appelés à faire infliger.—Elle explique
» tout de suite, dit-il, les bases et les
» véritables motifs des punitions capi-
» tales. Elle apprend, sur-tout, que la
» propriété d'un homme, ainsi que sa
» vie, doit être regardée comme sacrée ».

N'y a-t-il donc point de différence entre le prix de la propriété et celui de la vie ? Si je pense qu'il est juste que le meurtre soit puni de mort, non-seulement parce que le châtiment est égal au crime, mais pour empêcher d'autres meurtres, s'ensuit-il que je doive approuver qu'on inflige le même châtiment pour une petite atteinte portée à ma propriété ? Si je ne suis pas moi-même assez méchant, assez vindicatif, assez barbare pour donner la mort à quelqu'un qui m'a dérobé quatorze schellings trois sous, comment puis-je applaudir à la loi qui la lui donne ? Montesquieu, qui étoit un juge, a essayé de nous inculquer d'autres maximes. Il devoit connoître les sentimens qu'éprouvent des juges humains dans ces occasions, et quels sont les effets de ces sentimens. Bien loin de penser que des châtimens sévères et excessifs préviennent le crime, voici ce qu'il dit :

« L'atrocité des loix en empêche l'exécution.

» Lorsque la peine est sans mesure, on est souvent obligé de lui préférer l'impunité.

» La cause de tous les relâchemens vient de l'impunité des crimes, et non de la modération des peines ».

Ceux qui connoissent bien le monde, prétendent qu'il y a plus de vols commis et punis en Angleterre, que dans tous le reste de l'Europe. Si cela est, il doit y avoir une cause, ou plusieurs causes de la dépravation du peuple anglais. L'une de ces causes ne peut-elle pas être le défaut de justice et de morale dans le gouvernement, défaut qui se manifeste dans sa conduite oppressive envers ses sujets, et dans les guerres injustes qu'il entreprend contre ses voisins? Voyez les longues injustices, les monopoles, les traitemens cruels qu'il fait éprouver à l'Irlande, et qui sont enfin avoués! Voyez les pillages que ses marchands exercent dans l'Inde! la guerre désastreuse, qu'il fait aux colonies de l'Amérique! et sans parler de ses guerres contre la France et l'Espagne, voyez celle qu'il a faite dernièrement à la Hollande! Toute l'Europe impartiale ne l'a considérée que comme une guerre de rapine. Les espérances d'une proie immense et facile ont été les motifs apparens et probablement réels, qui l'ont porté à attaquer cette nation. Des peuples voisins se doivent une justice non moins stricte que des citoyens d'un même pays. Un voleur de grands chemins n'est pas moins voleur, quand il dérobe avec une bande de ses camarades, que quand il est seul; et un peuple qui fait une guerre injuste, n'est qu'une grande bande de voleurs. Si vous avez employé des gens à voler un hollandais, est-il étrange que quand la paix leur interdit ce brigandage, ces gens cherchent à voler ailleurs, et même à se voler les uns les autres? La *piraterie*, comme l'appellent les Français, ou la *course*, est le penchant général des Anglais; et ils s'y livrent par-tout où ils sont.

On dit que dans la dernière guerre, cette nation n'avoit pas moins de sept cents corsaires. Ces navires étoient armés par des marchands, pour piller d'autres marchands qui ne leur avoient jamais rien fait. N'est-il pas probable que plusieurs de ces armateurs de Londres, si ardens à voler les marchands d'Amsterdam, voleroient aussi volontiers ceux de la rue voisine de la leur, s'ils pouvoient le faire avec la même impunité? Le désir du bien d'autrui (1) est toujours le même: il n'y a que la crainte du gibet qui mette de la différence dans ses effets.

Comment une nation, qui, parmi les plus honnêtes de ses membres, a tant de gens inclinés à dérober, et dont le gouvernement a autorisé et encouragé jusqu'à

---

(1) Alieni appetens.

sept cents bandes de voleurs, comment, dis-je, peut-elle avoir le front de condamner ce crime dans les individus, et d'en faire pendre vingt dans une matinée? Cela rappelle naturellement une anecdote de Newgate (1). L'un des prisonniers se plaignoit que pendant son sommeil, on lui avoit ôté les boucles de ses souliers.— « Comment diable! dit un
» autre, est-ce que nous avons quelque
» voleur parmi nous? Il ne faut pas le
» souffrir. Cherchons le coquin, et nous le
» rosserons jusqu'à ce qu'il en meure. »

Cependant on peut citer l'exemple récent d'un marchand anglais, qui n'a point voulu profiter de ce que lui avoit produit la course. Il étoit intéressé dans un navire, que ses associés jugèrent à propos d'armer en corsaire, et qui prit un assez grand nombre de bâtimens français. Après le partage du butin, le marchand dont je parle, a envoyé en France un agent, qui a mis un avis dans les gazettes pour découvrir ceux à qui

(1) Prison de Londres.

le corsaire a fait tort, et leur restituer une part des prises. Cet homme, qui a une conscience si pure, est un quaker (1). Les presbytériens écossais étoient jadis aussi délicats ; car il existe encore une ordonnance du conseil d'Édimbourg, publiée peu après la réformation, et portant : « Qu'il est défendu d'acheter les mar- » chandises qui proviennent des prises, » sous peine de perdre pour toujours le » droit de cité, et de subir d'autres pu- » nitions à la volonté des magistrats ; » parce que l'usage de faire des prises » est contraire à une bonne conscience » et au précepte de traiter nos frères » chrétiens comme nous désirons d'être » traités nous-mêmes. Ainsi ces sortes de » marchandises ne seront point vendues » par les hommes honnêtes de cette » ville. »

La race de ces hommes honnêtes est probablement éteinte en Écosse, où ils

---

(1) Nouvel exemple digne du quaker Denham, dont il est parlé dans le premier volume. (*Note du Traducteur.*)

ont,

ont, du moins, renoncé à leurs principes, puisque cette nation a contribué, autant qu'elle l'a pu, à faire la guerre aux colonies de l'Amérique septentrionale, et que les prises et les confiscations en ont été, dit-on, un de ses grands motifs.

Pendant quelque temps on a généralement cru qu'un militaire ne devoit pas s'informer si la guerre, dans laquelle on l'employoit, étoit juste ou non, mais exécuter aveuglément les ordres qu'il recevoit. Tous les princes, qui ont du penchant à la tyrannie, doivent, sans doute, approuver cette opinion, et désirer de la maintenir. Mais n'est-elle pas très-dangereuse? D'après un tel principe, si le tyran commande à son armée d'attaquer et de détruire, non-seulement une nation voisine, qui ne l'a point offensé, mais même ses propres sujets, l'armée doit obéir.

Dans nos colonies, un nègre esclave à qui son maître ordonne de voler et d'assassiner son voisin, ou de commettre quelqu'autre action criminelle, peut le

Tome II.   G

refuser; et le magistrat le protége en applaudissant à son refus. L'esclavage d'un soldat est donc pire que celui d'un nègre!
— Un officier, qui a de la conscience, peut donner sa démission, plutôt que d'être employé dans une guerre injuste, s'il n'est pas retenu par la crainte de voir attribuer sa démarche à une toute autre cause : mais les simples soldats restent dans l'esclavage toute la vie, et peut-être aussi ne sont-ils pas en état de juger de ce qu'ils doivent faire. Nous ne pouvons que déplorer leur sort, et plus encore celui d'un matelot, qui est souvent forcé de quitter des occupations honnêtes, pour aller tremper ses mains dans le sang innocent.

Mais il me semble qu'un marchand, étant plus éclairé par son éducation, et absolument libre de faire ce qu'il veut, devroit bien considérer si une guerre est juste, avant d'engager volontairement une bande de mauvais sujets à attaquer les commerçans d'une nation voisine, pour piller leurs propriétés et les ruiner avec leurs familles, s'ils se rendent sans combattre, ou à les blesser, les estropier, les assassiner, s'ils tentent de se défendre. Cependant ce sont des marchands chrétiens qui commettent ce crime, dans une guerre juste ou non; et il est difficile qu'elle soit juste des deux côtés. Elle est faite par des marchands anglais et américains, qui, malgré cela, se plaignent des vols particuliers, et pendent, par douzaines, les voleurs, à qui ils ont eux-mêmes donné l'exemple du pillage.

Il est enfin temps que pour le bien de l'humanité, on mette un terme à ces horreurs. Les États-Unis de l'Amérique sont mieux placés que les Européens, pour tirer des avantages de la course, puisque la plus grande partie du commerce de l'Europe avec les Antilles, se fait à leur porte; mais ils font tout ce qui dépend d'eux pour abolir cet usage, en offrant d'insérer, dans tous leurs traités avec les autres puissances, un article par lequel on s'engage solemnellement et réciproquement en cas de guerre, à ne point armer de corsaires, et à laisser passer, sans être molestés, les vaisseaux marchands qui ne seront point armés (1).

(1) Cette offre ayant été acceptée par le roi de Prusse, Frédéric II, il fut conclu entre ce monarque et les États-Unis, un traité d'amitié et de commerce, contenant un article dicté par l'humanité et la philantropie. Franklin, qui étoit l'un des plénipotentiaires américains, le rédigea de la manière suivante :

Art. XXIII.

« Si la guerre a lieu entre les deux nations con-
» tractantes, les marchands de l'une qui résideront
» dans les états de l'autre, pourront y demeurer neuf
» mois pour se faire payer de leurs créances et
» régler leurs affaires, et partiront ensuite librement,
» emportant tous leurs effets sans aucun empê-
» chement ou molestation quelconque. Toutes les
» femmes, les enfans, les gens de lettres de toutes
» les facultés, les agriculteurs, les artisans, les
» manufacturiers, les pêcheurs, et les habitans
» non armés des villes, des villages et autres
» places sans fortifications, et en général tous
» ceux qui travaillent pour la subsistance et le
» bien de l'humanité, pourront continuer à se
» livrer à leurs occupations, sans être molestés

Ce seroit un heureux perfectionnement de la loi des nations. Tous les hommes, qui ont des principes de justice et d'humanité, doivent désirer que cette proposition réussisse.

Recevez les assurances de mon estime et de mon inaltérable amitié.

B. Franklin.

» dans leur personne, sans qu'on brûle leurs
» maisons et leurs marchandises, ou qu'on les
» détruise en aucune manière, et sans que la force
» armée de l'ennemi ravage leurs champs, en
» aucun des lieux où elle pénétrera : mais si elle
» a besoin de prendre quelque chose pour son
» usage, elle le paiera à un prix raisonnable.
» Tous les vaisseaux marchands, employés à l'é-
» change des productions des différens pays,
» et à rendre les objets de première nécessité et
» les commodités de la vie plus faciles à obtenir
» et plus communs, pourront passer librement
» et sans molestation ; et ni l'une ni l'autre des
» puissances contractantes, ne délivrera des lettres
» de marque à aucun particulier, pour lui donner
» le pouvoir de prendre ou de détruire les vais-
» seaux marchands, ou interrompre leur com-
» merce ».

OBSERVATIONS
SUR LES SAUVAGES
DE L'AMÉRIQUE SEPTENTRIONALE.

Nous appelons ces peuples des Sauvages, parce que leurs mœurs diffèrent des nôtres, que nous croyons la perfection de la politesse : ils ont la même opinion des leurs.

Si nous examinions, avec impartialité, les mœurs des différentes nations, peut-être trouverions-nous que quelque grossier qu'il soit, il n'y a pas de peuple qui n'ait quelques principes de politesse ; et qu'il n'en est aucun de si poli, qui ne conserve quelques restes de barbarie.

Les Indiens sont, pendant leur jeunesse, chasseurs et guerriers. Quand ils deviennent vieux, ils sont conseillers ; car ces peuples sont gouvernés par l'avis des sages. Il n'y a chez eux ni force coercitive, ni prisons, ni officiers qui obligent à obéir, ou infligent des châtimens. De là vient qu'en général ils s'étudient à bien parler. Le plus éloquent est celui qui a le plus d'influence.

Les femmes indiennes cultivent la terre, préparent à manger, nourrissent, élèvent les enfans, conservent et transmettent à la postérité le souvenir des événemens mémorables. Ces différens emplois des deux sexes sont regardés comme honorables et conformes aux loix de la nature. Ayant peu de besoins factices, ils ont beaucoup de temps pour s'instruire en conversant entr'eux. Notre vie active leur paroît basse et servile auprès de la leur; et ils regardent les sciences, dont nous nous enorgueillissons, comme frivoles et inutiles. On en eut une preuve, lors du traité conclu à Lancastre, en Pensylvanie, en 1744, entre le gouvernement de Virginie et les six Nations.

Quand on fut convenu des principaux articles, les commissaires de la Virginie

informèrent les Sauvages, qu'il y avoit au collége de Williamsbourg des fonds destinés à l'éducation de jeunes Indiens, et que si les chefs des six Nations vouloient y envoyer une demi-douzaine de leurs enfans, le gouvernement en prendroit soin et les feroit instruire dans toutes les sciences des blancs. Une des règles de la politesse de ces peuples est de ne jamais répondre à une proposition publique, le même jour qu'elle leur a été faite. Ils pensent que ce seroit la traiter avec trop de légèreté, et qu'ils montrent plus de respect en prenant du temps pour la considérer comme une chose importante. Ils différèrent donc de répondre aux Virginiens; et le lendemain après que l'orateur eût témoigné combien ils étoient sensibles à l'offre qu'on leur avoit faite, il ajouta : — « Nous savons que
» vous estimez beaucoup l'espèce de
» science qu'on enseigne dans ces col-
» léges, et que tandis que nos jeunes
» gens seroient chez vous, leur entretien
» vous coûteroit beaucoup. Nous sommes

» donc convaincus que dans ce que vous
» nous proposez, votre intention est de
» nous faire du bien; et nous vous en
» remercions de bon cœur. Mais vous,
» qui êtes sages, vous devez savoir que
» les différentes nations voient les choses
» d'une manière différente; et vous ne
» devez pas être offensés, si nos idées
» sur l'éducation d'un collége ne sont
» pas les mêmes que les vôtres. Nous en
» avons déjà fait l'expérience. Plusieurs
» de nos jeunes gens ont été élevés dans
» les colléges des provinces septentrio-
» nales. Ils ont été instruits dans toutes vos
» sciences. Mais quand ils sont revenus
» parmi nous, à peine savoient-ils courir.
» Ignorant entièrement la manière de
» vivre dans les bois, incapables de sup-
» porter le froid et la faim, ils ne savoient
» ni bâtir une cabane, ni prendre un
» daim, ni tuer un ennemi : ils parloient
» imparfaitement notre langue ; et par
» conséquent ils n'étoient propres ni à
» la chasse, ni à la guerre, ni aux con-
» seils. Enfin, nous ne pouvions en rien

» faire. — Nous n'acceptons pas votre
» offre : mais nous n'en sommes pas
» moins reconnoissans ; et pour vous le
» prouver, si les habitans de la Virginie
» veulent nous envoyer une demi-dou-
» zaine de leurs enfans, nous aurons le
» plus grand soin de leur éducation, nous
» leur apprendrons ce que nous savons ;
» et nous en ferons des *hommes.* »

Les Sauvages ayant de fréquentes occasions de tenir des conseils publics, ils se sont accoutumés à maintenir beaucoup d'ordre et de décence dans ces assemblées. Les vieillards sont assis au premier rang ; les guerriers au second, et les femmes et les enfans au dernier. L'emploi des femmes est de remarquer avec soin ce qui se passe dans les conseils, de le graver dans leur mémoire, et de l'apprendre par tradition à leurs enfans ; car ces peuples n'ont point d'écriture. Elles sont les registres du conseil. Elles conservent le souvenir des traités, qui ont été conclus cent ans auparavant ; et quand nous comparons ce qu'elles disent avec nos écrits, nous le trouvons toujours exact.

Celui qui veut parler se lève : les autres gardent un profond silence. Quand il a fini il se rassied, et on lui laisse cinq ou six minutes, pour qu'il puisse se rappeler s'il n'a omis rien de ce qu'il avoit intention de dire, et se lever de nouveau pour l'énoncer. Interrompre quelqu'un, même dans la conversation ordinaire, est regardé comme très-indécent. O combien cela diffère de ce qu'on voit dans la chambre polie des communes d'Angleterre, où il se passe à peine un jour, sans quelque tumulte qui oblige l'orateur à s'enrouer à force de crier à l'ordre ! Combien diffère aussi la conversation des Sauvages, de la conversation de plusieurs sociétés polies d'Europe, dans lesquelles, si vous n'énoncez pas votre pensée avec beaucoup de rapidité, vous êtes arrêté au milieu d'une phrase par l'impatient babil de ceux avec qui vous vous entretenez, et il ne vous est plus possible de la finir !

Il est vrai que la politesse qu'affectent

les Sauvages dans la conversation, est portée à l'excès; car elle ne leur permet pas de démentir, ni même de contredire ce qu'on énonce en leur présence. Par ce moyen, ils évitent les disputes : mais aussi on peut difficilement connoître leur façon de penser et l'impression qu'on fait sur eux. Les missionnaires qui ont essayé de les convertir au christianisme, se plaignent tous de cette extrême déférence, comme d'un des plus grands obstacles au succès de leur mission. Les Sauvages se laissent patiemment expliquer les vérités du christianisme, et y donnent leurs signes ordinaires d'approbation. Vous croiriez qu'ils sont convaincus. Point du tout. C'est pure civilité.

Un missionnaire suédois ayant assemblé les chefs Indiens des bords de la Susquehannah, leur fit un sermon dans lequel il développa les principaux faits historiques sur lesquels est fondée notre religion; tels que la chute de nos premiers parens quand ils mangèrent une pomme; la venue du Christ pour réparer

le mal; ses miracles, ses souffrances, etc.
— Quand il eut achevé, un orateur indien se leva pour le remercier. — « Ce
» que vous venez de nous faire entendre,
» dit-il, est très-bon. Certes, c'est fort
» mal que de manger des pommes; il
» vaut beaucoup mieux en faire du
» cidre. Nous vous sommes infiniment
» obligés d'avoir la bonté de venir si
» loin de votre pays, pour nous apprendre
» ce que vos mères vous ont appris.
» En revanche, je vais vous conter
» quelque chose de ce que nous tenons
» des nôtres.

» Au commencement du monde, nos
» pères ne se nourrissoient que de la
» chair des animaux; et quand leur chasse
» n'étoit pas heureuse, ils mouroient
» de faim. Deux de nos jeunes chasseurs
» ayant tué un daim, allumèrent du feu
» dans les bois pour en faire griller une
» partie. Au moment où ils étoient prêts
» à satisfaire leur appétit, ils virent une
» jeune et belle femme descendre des
» nues et s'asseoir sur ce sommet que

» vous voyez là bas, au milieu des mon-
» tagnes bleues. Alors les deux chasseurs
» se dirent l'un à l'autre : C'est un es-
» prit, qui peut-être a senti l'odeur de
» notre gibier grillé, et désire d'en man-
» ger. Il faut lui en offrir. Ils lui pré-
» sentèrent, en effet, la langue du daim.
» La jeune femme trouva ce mets de
» son goût, et leur dit : Votre honêteté
» sera récompensée. Revenez ici après
» treize lunes, et vous y trouverez
» quelque chose qui vous sera très-utile
» pour vous nourrir vous et vos enfans,
» jusqu'à la dernière génération. Ils fi-
» rent ce qu'elle leur disoit, et à leur
» grand étonnement, ils trouvèrent des
» plantes qu'ils ne connoissoient point,
» mais qui, depuis cette époque, ont
» été constamment cultivées parmi nous,
» et nous sont d'un grand avantage. Là
» où la main droite de la jeune femme
» avoit touché la terre, ils trouvèrent
» le maïs; l'endroit où avoit touché sa
» main gauche, portoit des haricots,
» et celui où elle s'étoit assise, du tabac ».

Le bon missionnaire qu'ennuyoit ce conte ridicule, dit à celui qui le fesoit : — « Je vous ai annoncé des vérités sa- » crées : mais vous ne m'entretenez que » de fables, de fictions, de mensonges ». — L'Indien choqué lui répondit : « Mon » frère, il semble que vos parens ont eu » envers vous le tort de négliger votre » éducation. Ils ne vous ont pas appris » les premières règles de la politesse. » Vous avez vu que nous, qui con- » noissons et pratiquons ces règles, » nous avons cru toutes vos histoires. » Pourquoi refusez-vous de croire les » nôtres ? »

Lorsque quelques-uns de ces Sauvages viennent dans nos villes, la foule s'assemble autour d'eux, on les regarde avec attention, on les fatigue dans les momens où ils voudroient être seuls. Ils prennent cela pour une grande impolitesse, et ils l'attribuent à ce que nous ignorons les véritables règles du savoir vivre. — « Nous sommes, disent-ils, aussi curieux » que vous, et quand vous venez dans

« nos villages, nous désirons de vous
« regarder : mais alors nous nous cachons
« derrière les buissons, qui sont sur la
« route où vous devez passer, et nous
« ne nous avisons jamais d'aller nous
« mêler parmi vous. »

Leur manière d'entrer dans les villages les uns des autres a aussi ses règles. Ils croient qu'un étranger, qui voyage, manque de civilité lorsqu'il entre dans un village sans avoir donné avis de son arrivée. Aussi, dès que l'un d'eux approche d'un village, il s'arrête, crie, et attend qu'on l'invite à entrer. Ordinairement deux vieillards vont au devant de lui, et lui servent d'introducteurs. Il y a dans chaque village une cabane vide, qu'on appelle *la Maison des Étrangers*. On y conduit le voyageur, et les vieillards vont de cabane en cabane avertir les habitans qu'il est arrivé un étranger, qui probablement est fatigué et a faim. Chacun lui envoie aussitôt une partie de ce qu'il a pour manger, avec des peaux pour se reposer. Quand l'étranger

ger a pris quelque nourriture et s'est délassé, on lui apporte du tabac et des pipes; et alors seulement commence la conversation. On demande au voyageur qui il est? où il va? quelles nouvelles il apporte? et on finit communément par lui offrir de lui fournir un guide et des vivres pour continuer son voyage. Mais on n'exige jamais rien pour la réception qu'on lui a faite.

Cette hospitalité, qu'ils considèrent comme une des principales vertus, est également pratiquée par chaque particulier. En voici un exemple, que je tiens de notre interprète, Conrad Weiser. Il avoit été naturalisé parmi les six Nations, et parloit très-bien la langue Mohock. En traversant le pays des Indiens, pour porter un message de notre gouverneur à l'assemblée d'Onondaga, il s'arrêta à l'habitation de Canassetego, l'un de ses anciens amis. Le sauvage l'embrassa, étendit des fourrures pour le faire asseoir, plaça devant lui des haricots bouillis, du gibier et de l'eau, dans laquelle il avoit

mêlé un peu de rum. Quand Conrad Weiser eut achevé de manger, et allumé sa pipe, Canassetego commença à s'entrenir avec lui. Il lui demanda comment il s'étoit porté depuis plusieurs années qu'ils ne s'étoient vus l'un l'autre; d'où il venoit, et quel étoit l'objet de son voyage. Conrad répondit à toutes ces questions; et quand la conversation commença à languir, le sauvage la reprit ainsi : — « Conrad, vous avez long-temps
» vécu parmi les blancs, et vous con-
» noissez un peu leurs coutumes. J'ai
» été quelquefois à Albany, et j'ai observé
» qu'une fois tous les sept jours, ils
» ferment leurs boutiques et s'assemblent
» tous dans une grande maison. Dites-
» moi, pourquoi cela ? Que font-ils dans
» cette maison ?

» Ils s'y rassemblent, répondit Conrad,
» pour entendre et apprendre de bonnes
» choses. — Je ne doute pas qu'ils ne
» vous l'aient dit, reprit le sauvage. Ils me
» l'ont dit de même : mais je ne crois pas
» que cela soit vrai; et je vais vous en

» dire la raison. — J'allai dernièrement
» à Albany, pour vendre des fourrures,
» et pour acheter des couvertures de
» laine, des conteaux, de la poudre et
» du rum. Vous savez que je fais or-
» dinairement affaire avec Hans Hanson,
» mais cette fois-ci j'étois tenté d'essayer
» de quelqu'autre marchand. Cependant
» je commençai par aller chez Hans
» Hanson, et je lui demandai combien
» il me donneroit pour mes peaux de
» castor. Il me répondit qu'il ne pouvoit
» pas me les payer plus de quatre schel-
» lings la livre : mais, ajouta-t-il, je ne
» puis parler d'affaire aujourd'hui ; c'est
» le jour où nous nous rassemblons pour
» apprendre de bonnes choses, et je vais
» à l'assemblée.

» Pour moi, je pensai que ne pouvant
» faire aucune affaire ce jour-là, je ferois
» aussi bien d'aller à l'assemblée avec
» Hans Hanson, et je le suivis. Un
» homme vêtu de noir se leva, et com-
» mença à parler aux autres d'un air
» très-fâché. Je ne comprenois pas ce

» qu'il disoit : mais m'appercevant qu'il
» regardoit beaucoup et moi, et Hanson,
» je crus qu'il étoit irrité de me voir
» là. Ainsi je sortis ; je m'assis près de
» la maison, je battis mon briquet, j'al-
» lumai ma pipe, et j'attendis que l'as-
» semblée fût finie. Il me vint alors
» dans l'idée que l'homme vêtu de noir
» avoit fait mention des peaux de castor,
» et que cela pouvoit être le sujet de l'as-
» semblée. En conséquence, dès qu'on
» sortit de la maison, j'accostai mon
» marchand. — Eh bien ! lui dis-je, Hans,
» j'espère que vous êtes convenu de
» payer les peaux de castor plus de quatre
» schellings la livre. — Non, répondit-
» il, je ne puis plus même y mettre ce
» prix. Je ne peux en donner que trois
» schellings six sous. — Je m'adressai
» alors à divers autres marchands : mais
» c'étoit par-tout la même chanson ; trois
» schellings six sous, trois schellings
» six sous. Je vis donc clairement que
» mes soupçons étoient bien fondés ; et
» que, quoique les blancs prétendissent

» qu'ils alloient dans leurs assemblées
» pour apprendre de bonnes choses, ils
» ne s'y rendoient, en effet, que pour
» se concerter, afin de mieux tromper
» les Indiens sur le prix des peaux de
» castor. Réfléchissez-y un peu, Conrad,
» et vous serez de mon avis. Si, en s'as-
» semblant aussi souvent, leur dessein
» étoit d'apprendre de bonnes choses, ils
» devroient certainement en avoir déjà
» appris quelqu'une. Mais ils sont encore
» bien ignorans.

» Vous connoissez notre usage. Si un
» blanc voyage dans notre pays, et entre
» dans nos cabanes, nous le traitons
» toujours comme je viens de vous trai-
» ter. Nous le fesons sécher s'il est
» mouillé; nous le fesons chauffer s'il a
» froid, nous lui donnons de quoi bien
» satisfaire sa faim et sa soif, et nous
» étendons des fourrures devant lui,
» pour qu'il puisse se reposer et dormir.
» Mais nous ne lui demandons jamais
» rien pour la manière dont nous l'avons

» accueilli (1). Mais si j'entre dans la
» maison d'un blanc à Albany, et que je
» demande quelque chose à manger et
» à boire, on me dit aussitôt : Où est
» ton argent ? Et si je n'en ai point, on
» me dit : Sors d'ici, chien d'indien. —
» Vous voyez bien que les blancs n'ont
» point encore appris ce peu de bonnes
» choses que nous apprenons, nous, sans
» assemblées ; parce que, quand nous
» sommes enfans, nos mères nous les

---

(1) C'est une chose très-remarquable, que dans tous les temps et dans tous les pays, l'hospitalité ait été reconnue pour la vertu de ceux que les nations civilisées se sont plu à appeler barbares. Les Grecs ont célébré les Scythes à cause de cette vertu. Les Sarrazins l'ont portée au plus haut degré, et elle règne encore chez les Arabes du désert. Saint-Paul nous dit, dans la relation de son voyage et de son naufrage sur l'île de Malthe : — « Les Barbares nous trai-
» tèrent avec beaucoup de bienveillance, car ils
» allumèrent du feu, et nous reçurent à cause
» de la pluie qui tomboit, et à cause du froid ».
— Cette note est tirée d'un *petit recueil des Œuvres de Franklin*, publié par Dilly.

» apprenent. Il est donc impossible que
» leurs assemblées soient pour l'objet
» qu'ils disent. Elles n'ont d'autre but
» que d'apprendre à tromper les Indiens
» sur le prix des castors. »

SUR LES DISSENTIONS
ENTRE
L'ANGLETERRE ET L'AMÉRIQUE.

A M. DUBOURG.

Londres, le 2 octobre 1770.

JE vois, avec plaisir, que nous pensons à-peu-près de même au sujet de l'Amérique anglaise. Nous, habitans des colonies, nous n'avons jamais prétendu être exempts de contribuer aux dépenses nécessaires au maintien de la prospérité de l'empire. Nous soutenons seulement qu'ayant des parlemens chez nous, et n'étant nullement représentés dans celui de la Grande-Bretagne, nos parlemens sont les seuls juges de ce que nous pouvons et devons donner, et le parlement anglais n'a nul droit de prendre notre argent sans notre consentement.

L'empire britannique n'est pas un

simple état. Il en comprend plusieurs; et quoique le parlement de la Grande-Bretagne se soit arrogé le pouvoir de taxer les colonies, il n'en a pas plus le droit qu'il n'a celui de taxer l'électorat d'Hanovre. Nous avons le même roi, mais non la même législature.

La dispute, qui s'est élevée entre l'Angleterre et les colonies, a déjà fait perdre à l'Angleterre plusieurs millions sterlings. Elle les a perdus dans son commerce, et l'Amérique en a gagné autant. Ce commerce consistoit principalement en superfluités, en objets de luxe et de mode, dont nous pouvons fort bien nous passer; et la résolution que nous avons prise, de n'en plus recevoir jusqu'à ce qu'on ait fait cesser nos plaintes, est cause que nos manufactures commencent à sortir de l'enfance, et à prendre quelque consistance. Il ne seroit même pas aisé d'engager nos colons à les abandonner, quand une amitié plus sincère que jamais succéderoit à la querelle qui nous divise.

Certes, je ne doute point que le

parlement d'Angleterre ne finisse par abandonner ses prétentions, et ne nous laisse paisiblement jouir de nos droits et de nos privilèges.

B. Franklin.

SUR LA PRÉFÉRENCE

QU'ON DOIT DONNER

AUX ARCS ET AUX FLÈCHES

SUR LES ARMES A FEU.

—

AU MAJOR-GÉNÉRAL LEE.

Philadelphie, le 11 février 1776.

GÉNÉRAL,

Le porteur de cette lettre est M. Arundel, que le congrès adresse au général Schuyler, pour qu'il l'emploie dans le service de l'artillerie. Il se propose de vous voir en passant, et il me demande une lettre de recommandation pour vous. Il a servi en France, ainsi que vous le verrez par ses brevets; et comme il paroît attaché à notre cause, j'espère qu'il se rendra utile, en instruisant nos jeunes canonniers et nos matelots. Peut-être donnera-t-il quelque moyen de déboucher la lumière des canons encloués.

Je vous envoie ci-joint une lettre que m'a écrite un officier nommé *M. Newland*, qui a servi dans les deux derniéres guerres. Il est connu du général Gates, qui m'en parla avantageusement, lorsque j'étois à Cambridge. Maintenant il désire de servir sous vos ordres, et je lui ai conseillé d'aller vous joindre à New-York.

Les Anglais parlent encore haut, et nous menacent durement : mais leur langage est un peu plus poli, ou du moins, il n'est pas tout-à-fait aussi injurieux pour nous. Ils sont rentrés peu-à-peu dans leur bon sens ; mais j'imagine que c'est trop tard pour leurs intérêts.

Nous avons reçu cent vingt tonneaux de salpêtre, ce qui fait une grande quantité, et nous en attendons trente tonneaux de plus. A présent, nous manquons de moulins pour faire la poudre : mais malgré cela, je crois que l'ouvrage ira son train, et qu'on le fera à force de bras. — Je désirerois, cependant, comme vous, que nos armées se servissent de piques, et même d'arcs et de flèches. Ce sont de très-bonnes armes qu'on a follement négligées. On doit se servir d'arcs et de flèches :

1°. Parce qu'un homme peut ajuster son coup avec un arc, aussi bien qu'avec un fusil.

2°. Il peut faire partir quatre flèches dans le même temps qu'il lui faut pour tirer un coup de fusil et recharger.

3°. L'objet qu'il doit viser n'est point dérobé à sa vue, par la fumée du côté duquel il combat.

4°. Un nuage de flèches, que l'ennemi voit venir, l'intimide, le trouble, l'empêche d'être attentif à ce qu'il fait.

5°. Une flèche qui perce un homme en quelque partie de son corps que ce soit, le met hors de combat, jusqu'à ce qu'on la lui ait arrachée.

6°. On se procure plus aisément des arcs et des flèches, que des fusils, de la poudre et du plomb.

Polydore-Virgile, en parlant d'une

bataille entre les Français et les Anglais, sous le règne d'Edouard III, fait mention du désordre dans lequel fut jetée l'armée française, par un nuage de flèches (1), que lui envoyèrent les Anglais, et qui leur donna la victoire (2). — Si les flèches fesoient tant d'effet quand les hommes étoient couverts d'une armure difficile à pénétrer, combien plus elles en feroient à présent, que cette armure est hors d'usage!

Je suis bien aise que vous soyez revenu à New-York : mais je voudrois que vous pussiez être au Canada. Ici, les esprits sont maintenant en suspens, dans l'attente des propositions que doit faire l'Angleterre. Je ne crois pas qu'elle en fasse une seule que nous puissions accepter. Quand on en aura une preuve

(1) *Sagittarum nube.*

(2) Il conclut par ces mots : *Est res profectò dictu mirabilis, ut tantus ac potens exercitus à solis ferè anglicis sagittariis victus fuerit ; adeo anglus est sagittipotens, et id genus armorum valet.*

évidente, les Américains seront plus d'accord entr'eux et plus décidés. Alors votre proposition de former une ligue solemnelle sera mieux accueillie, et peut-être adoptera-t-on la plupart de nos autres mesures hardies.

Vos lettres me font toujours un grand plaisir : mais j'ai de la peine à m'en croire digne, car je suis un bien mauvais correspondant. Mes yeux ne me permettent plus d'écrire que très-difficilement à la lumière ; et les jours sont à présent si courts et j'ai tant d'affaires depuis quelque temps, que je suis rarement assis dix minutes, sans qu'on vienne m'interrompre.

Dieu vous donne des succès !

B. FRANKLIN.

COMPARAISON

DE LA CONDUITE

DES ANTI-FÉDÉRALISTES

DES ÉTATS-UNIS DE L'AMÉRIQUE,

AVEC CELLE DES ANCIENS JUIFS.

Un zélé partisan de la constitution fédérative dit dans une assemblée publique :
— » Qu'une grande partie du genre-hu-
» main avoit tant de répugnance pour
» un bon gouvernement, qu'il étoit per-
» suadé que si un ange nous apportoit
» du ciel une constitution qui y auroit été
» faite exprès pour nous, elle trouveroit
» encore de violens contradicteurs ». —
Cette opinion parut extravagante ; l'orateur fut censuré ; et il ne se défendit point.

Probablement il ne lui vint pas tout-à-coup dans l'esprit que l'expérience étoit à l'appui l'appui de ce qu'il avoit avancé, et qu'elle se trouvoit consignée dans la plus fidèle de toutes les histoires, la Sainte Bible. S'il y eût songé, il auroit pu, ce me semble, s'étayer d'une autorité aussi irréfragable.

L'être suprême se plut à élever une seule famille, et son attentive providence la combla de bienfaits jusqu'à ce qu'elle devînt un grand peuple. Après avoir délivré ce peuple de l'esclavage, par une suite de miracles, que fit son serviteur Moyse, il remit lui-même à ce serviteur choisi, en présence de toute la nation, une constitution et un code de loix, et il promit de récompenser ceux qui les observeroient fidèlement, et de punir avec sévérité ceux qui leur désobéiroient.

La divinité elle-même étoit à la tête de cette constitution; c'est pourquoi les écrivains politiques l'ont appelée *une théocratie*. Mais malgré cela les ministres de Dieu ne purent parvenir à la faire exécuter. Aaron et ses enfans composoient, avec Moyse, le premier ministère du nouveau gouvernement.

L'on auroit pensé que le choix d'hommes qui s'étoient distingués pour rendre la nation libre, et avoient hasardé leur vie en s'opposant ouvertement à la volonté d'un puissant monarque, qui vouloit la retenir dans l'esclavage, auroit été approuvé avec reconnoissance; et qu'une constitution tracée par Dieu même, auroit dû être accueillie avec les transports d'une joie universelle. Mais il y avoit, dans chacune des treize tribus, quelques esprits inquiets, mécontens, qui, par divers motifs, excitoient continuellement les autres à rejeter le nouveau gouvernement.

Plusieurs conservoient de l'affection pour l'Égypte, leur terre natale; et dès qu'ils éprouvoient quelqu'embarras, quelqu'inconvénient, effet naturel et inévitable de leur changement de situation, ils accusoient leurs chefs d'être les auteurs de leur peine; et non-seulement ils vouloient retourner en Égypte, mais lapider ceux qui les en avoient arrachés (1). — Ceux qui étoient enclins à l'idolâtrie, voyoient, avec regret, la destruction du veau d'or. Plusieurs chefs pensoient que la constitution nouvelle devoit nuire à leur intérêt particulier ; que les places avantageuses seroient toutes occupées par les parens et les amis de Moyse et d'Aaron, et que d'autres qui étoient également bien nés en seroient exclus (2).

Nous voyons dans Josephe et dans le Talmud quelques particularités, qui ne sont pas aussi détaillées dans l'Ecriture. Voici ce que nous y apprenons. — « Coré
» désiroit ardemment d'être grand-prêtre;
» et il fut blessé de ce que cet emploi
» étoit conféré à Aaron, par la seule au-
» torité de Moyse, disoit-il, et sans le

---

(1) Nombres, chap. 14.

(2) Nombres, chap. 14, vers. 3. — « Et ils se
» réunirent tous contre Moyse et Aaron, et leur
» dirent : Vous prenez trop sur vous. Vous savez
» que toutes les assemblées sont saintes, ainsi que
» chaque membre de ces assemblées : pourquoi
» donc vous élevez-vous au-dessus de l'assemblée ?

» consentement du peuple. Il accusa
» Moyse d'avoir employé divers artifices
» pour s'emparer du gouvernement, et
» priver le peuple de sa liberté ; et de
» conspirer avec Aaron pour perpétuer
» la tyrannie dans sa famille. Ainsi,
» quoique le vrai motif de Coré fût de
» supplanter Aaron, il persuada au peuple
» qu'il n'avoit en vue que le bien général ;
» et les Juifs excités par lui, commen-
» cèrent à crier : — Maintenons la li-
» berté de nos diverses tribus. Nous nous
» sommes, nous-mêmes, affranchis de
» l'esclavage où nous tenoient les Égyp-
» tiens ; souffrirons-nous donc que Moyse
» nous rende encore esclaves ? Si nous
» devons avoir un maître, il vaut mieux
» retourner vers le Pharaon, par qui nous
» étions nourris avec du pain et des
» oignons, que de servir ce nouveau
» tyran qui, par sa conduite, nous a
» exposés à souffrir la famine. —

» Alors ils nièrent la vérité de ses en-
» tretiens avec Dieu ; et ils prétendirent
» que le secret de ses rendez-vous, le

» soin qu'il avoit eu d'empêcher que
» personne écoutât ses discours, et ap-
» prochât même du lieu où il étoit,
» devoit donner beaucoup de doutes à
» cet égard. Ils accusèrent aussi Moyse
» de péculat, et d'avoir gardé un grand
» nombre des cuillers et des plats d'ar-
» gent que les princes avoient offerts à
» la dédicace de l'autel (1), ainsi que
» les offrandes d'or, qu'avoit faites le
» peuple (2), et la plus grande partie de
» la capitation (3). Ils accusèrent Aaron
» d'avoir mis de côté la plupart des
» joyaux qui lui avoient été fournis pour
» le veau d'or.

» Indépendamment du péculat qu'ils
» reprochoient à Moyse, ils prétendoient
» qu'il étoit rempli d'ambition, et que
» pour satisfaire cette passion, il avoit
» trompé le peuple en lui promettant
» une terre où couloit le lait et le miel.
» Ils disoient qu'au lieu de lui donner

(1) Nombres, chap. 7.
(2) Exode, chap. 35, vers. 22.
(3) Nombres, chap. 3, et Exode, chap. 30.

» une telle terre, il l'en avoit arraché;
» et que tout ce mal lui sembloit léger,
» pourvu qu'il pût se rendre un prince
» absolu (1). Ils ajoutoient que pour main-
» tenir avec splendeur, dans sa famille, sa
» nouvelle dignité, il devoit faire suivre
» la capitation particulière qui avoit déjà
» été levée et remise à Aaron (2), par
» une taxe générale (3), qui proba-
» blement seroit augmentée de temps
» en temps, si l'on souffroit la promul-
» gation de nouvelles loix, sous prétexte
» de nouvelles révélations de la volonté
» divine, et qu'ainsi toute la fortune du
» peuple seroit dévorée par l'aristocratie
» de cette famille. »

Moyse nia qu'il se fût rendu coupable de péculat, et ses accusateurs ne purent

___

(1) Nombres, chap. 14, vers. 13. — « Tu
» regardes comme peu de chose de nous avoir
» ôtés d'une terre où coule le lait et le miel,
» et de nous faire périr dans le désert, pourvu
» que tu deviennes notre prince absolu ».

(2) Nombres, chap. 3.

(3) Exode, chap. 30.

alléguer aucune preuve contre lui. —
» Je n'ai point, dit-il, avec la sainte con-
» fiance que lui inspiroit la présence de
» Dieu, je n'ai point pris au peuple la
» valeur d'un ânon, ni rien fait qui puisse
» lui nuire ». — Mais les propos outrageans de ses ennemis avoient eu du succès parmi le peuple ; car il n'est aucune espèce d'accusation si aisée à faire, ou à être crue par les fripons, que celle de friponnerie.

Enfin, il n'y eut pas moins de deux cents cinquante des principaux hébreux, « fameux dans l'assemblée et hommes de » renom » (1), qui se portèrent à exciter la populace contre Moyse et Aaron, et lui inspirèrent une telle frénésie, qu'elle s'écria : — « Lapidons-les, lapidons-les ;
» et assurons, par ce moyen, notre liberté.
» Choisissons ensuite d'autres capitaines,
» qui nous ramènent en Égypte, en cas
» que nous ne puissions pas triompher
» des Cananéens. »

D'après tout cela, il paroît que les

(1) Nombres, chap. 14.

Israélites étoient jaloux de leur nouvelle liberté, et que cette jalousie n'étoit pas, par elle-même, un défaut : mais que quand ils se laissèrent séduire par un homme artificieux, qui prétendoit n'avoir en vue que le bien public, et ne songer en aucune manière à ses intérêts particuliers, et qu'ils s'opposèrent à l'établissement de la nouvelle constitution, ils s'attirèrent beaucoup d'embarras et de malheurs. On voit, en outre, dans cette inappréciable histoire, que lorsqu'au bout de plusieurs siècles, la constitution fut devenue ancienne, qu'on en eut abusé et qu'on proposa d'y faire des changemens, la populace qui avoit accusé Moyse d'ambition et de s'être fait prince, et qui avoit crié : — « Lapidez-le, lapidez-le », fut encore excitée par les grands-prêtres et par les scribes, et reprochant au Messie de vouloir se faire roi des Juifs, cria : — « Crucifiez-le, crucifiez-le. » —

Tout cela nous apprend qu'une sédition populaire contre une mesure publique, ne prouve pas que cette mesure soit mauvaise, encore que la sédition soit excitée et dirigée par des hommes de distinction.

Je conclus, en déclarant que je ne prétends pas qu'on infère de ce que je viens de dire, que notre convention nationale a été divinement inspirée, quand elle nous a donné une constitution fédérative, parce qu'on s'est déraisonnablement et violemment opposé à cette constitution. Cependant j'avoue que je suis si persuadé que la providence s'occupe du gouvernement général du monde, que je ne puis croire qu'un événement qui importe au bien-être de plusieurs millions d'hommes, qui existent déjà ou qui doivent exister, ait lieu sans qu'il soit préparé, influencé et réglé par cet esprit bienfaisant, tout-puissant et présent partout, duquel émanent tous les autres esprits.

SUR L'ÉTAT INTÉRIEUR DE L'AMÉRIQUE,

OU

TABLEAU DES VRAIS INTÉRÊTS DE CE VASTE CONTINENT.

La tradition rapporte que les premiers Européens qui s'établirent à la Nouvelle-Angleterre, éprouvèrent beaucoup de peines et de difficultés, comme cela arrive ordinairement quand un peuple civilisé fonde une colonie dans un pays sauvage. Ils étoient portés à la piété, et ils demandoient des secours au ciel, par des prières et des jeûnes fréquens. Cet objet de leurs méditations constantes et de leurs entretiens, tenoit leurs esprits dans la tristesse et le mécontentement; et semblables aux enfans d'Israël, plusieurs d'entr'eux désiroient de retourner dans cette Égypte, que la persécution les avoit engagés à abandonner.

Un jour qu'on proposa dans une assemblée de proclamer un nouveau jeûne, un fermier, plein de bon sens, se leva et observa : — « Que les inconvéniens
» auxquels ils étoient exposés, et pour
» lesquels leurs plaintes avoient si sou-
» vent fatigué le ciel, n'étoient pas si
» grands qu'ils auroient pu le craindre,
» et qu'ils diminuoient chaque jour, à
» mesure que la colonie se fortifioit ;
» que la terre commençoit à compenser
» leur travail et à fournir libéralement
» à leur subsistance ; que la mer et les
» rivières étoient remplies de poisson ;
» que la température étoit douce, le
» climat sain ; qu'ils pouvoient sur-tout,
» jouir pleinement de la liberté civile
» et religieuse ; qu'il croyoit donc qu'il
» falloit s'entretenir de pareils sujets,
» parce qu'ils étoient plus consolans, plus
» propres à les rendre contens de leur
» situation ; et qu'il convenoit mieux à
» la gratitude, qu'ils devoient à l'Être-

» Suprême, de proclamer, au lieu d'un
» jeûne, un jour d'action de graces. »

L'avis de ce bon cultivateur fut goûté ; et depuis ce moment, les habitans de la colonie ont eu, chaque année, assez de motifs de félicité publique, pour pouvoir en remercier Dieu ; et en conséquence, un jour d'action de graces a été constamment ordonné par eux et religieusement observé.

Je vois dans les différentes gazettes des États-Unis, de fréquentes réflexions sur la dureté du temps, la décadence du commerce, la rareté de l'argent. — Mon intention n'est point d'affirmer que ces plaintes sont totalement dénuées de fondement. Il n'y a aucun pays, aucun état, où quelques individus n'éprouvent des difficultés à gagner leur vie ; où des gens qui n'ont point de métier lucratif, manquent d'argent, parce qu'ils n'ont rien à donner pour s'en procurer ; et il est toujours au pouvoir d'un petit nombre d'hommes, de faire beaucoup de bruit. — Mais observons froidement la situation générale de nos affaires, et peut-être nous paroîtra-t-elle moins triste qu'on ne l'a imaginé.

La grande occupation du continent de l'Amérique septentrionale, est l'agriculture. Pour un artisan ou un marchand, nous comptons au moins cent laboureurs qui, pour la plupart, cultivent leurs propres champs, et en retirent non-seulement leur subsistance, mais aussi de quoi se vêtir, de sorte qu'ils ont besoin de fort peu de marchandises étrangères; et qu'ils vendent, en outre, une assez grande quantité de denrées pour accumuler insensiblement beaucoup d'argent.

La providence est si bienfaisante envers ce pays, le climat y est si favorable, qu'à compter des trois ou quatre premières années de son établissement, où nos pères eurent à y supporter beaucoup de peine et de fatigue, on n'y a presque jamais entendu parler de disette : au contraire, quoique quelques années aient été plus ou moins fécondes, nous avons toujours eu assez de provisions pour nous nourrir, et même pour exporter. La récolte de l'année dernière a été généralement abondante; et cependant le fermier n'a jamais vendu aussi cher ce qu'il a livré au commerce, ainsi que l'attestent les prix courans qu'on a publiés. La valeur des terres augmente continuellement, à mesure que la population s'accroît. En un mot, le fermier est en état de donner de si bons gages à ceux qui travaillent pour lui, que tous ceux qui connoissent l'ancien monde, doivent convenir qu'il n'y a pas d'endroit où les manouvriers soient si bien nourris, si bien vêtus, si bien logés, que dans les États-Unis de l'Amérique.

Si nous entrons dans nos cités, nous voyons que, depuis la révolution, les propriétaires des maisons et des terrains qui y sont compris, ont vu considérablement augmenter leur fortune. Les loyers se sont élevés à un prix étonnant; ce qui fait multiplier les bâtisses et fournit du travail à un nombre immense d'ouvriers. L'accroissement du luxe, et la vie splendide de ceux qui sont devenus riches, entretiennent aussi beaucoup de monde. Les ouvriers demandent et obtiennent un prix plus haut que dans aucune autre partie du monde, et ils sont toujours payés comptant. Cette classe n'a donc pas à se plaindre de la dureté du temps ; et elle compose une très-grande partie des habitans des villes.

Comme je vis fort loin de nos pêcheries américaines, je ne peux pas en parler avec beaucoup de certitude. Mais j'ai entendu dire que l'estimable classe d'hommes qu'on y emploie, est la moins bien payée, ou qu'elles ont moins de succès qu'avant la révolution. Ceux qui font la pêche de la baleine, ont été privés d'un marché où ils alloient vendre leur huile : mais je sais qu'il s'en ouvre un autre qui pourra leur être également avantageux ; et les demandes de chandelle de spermaceti augmentent chaque jour ; ce qui conséquemment, en fait hausser le prix.

Restent à présent les détailleurs, ou ceux qui tiennent des boutiques. Quoiqu'ils ne composent qu'une petite partie de la nation, leur nombre est considérable, et même trop pour le genre d'affaires qu'ils ont entrepris; car dans tous les pays, la consommation des marchandises a ses limites, qui sont les facultés du peuple, c'est-à-dire, ses moyens d'acheter et de payer. Si les marchands calculent mal ces proportions, et qu'ils importent trop de marchandises, ils doivent nécessairement trouver difficilement à vendre l'excédent; et quelques-uns d'entr'eux diront que le commerce languit. L'expérience les rendra, sans doute, sages, et ils importeront moins. Si trop d'artisans des villes, et de fermiers de la campagne deviennent marchands, dans l'espoir de mener une vie plus agréable, la quantité d'occupation de ce genre divisée entr'eux tous, est trop peu de chose pour chacun en particulier; et ils doivent se plaindre de la décadence du commerce. Ils disent aussi que cela n'est dû qu'à la

rareté

rareté de l'argent; tandis que, dans le fait, l'inconvénient provient moins de la diminution des acheteurs, que de la multiplicité des vendeurs; et si les fermiers et les ouvriers qui se sont faits marchands, retournoient à leur charrue et à leurs outils, il y auroit assez de veuves et d'autres femmes pour tenir les boutiques, et elles trouveroient suffisamment à gagner dans ce commerce de détail.

Quiconque a voyagé dans les différentes parties de l'Europe, et a observé combien peu on y voit de gens riches ou aisés, en comparaison des pauvres; combien peu de gens y sont grands propriétaires, en comparaison de la multitude de misérables ouvriers mal payés, et de journaliers déguenillés et souffrant la faim; quiconque, dis-je, se rappelle ce tableau, et contemple l'heureuse médiocrité qui règne dans les états américains, où le cultivateur travaille pour lui-même et entretient sa famille dans une honnête abondance, doit, ce me semble,

Tome II. K

juger que nous avons raison de bénir la divine providence, qui a mis tant de différence en notre faveur, et être convaincu qu'aucune nation connue, ne jouit d'une plus grande portion de félicité humaine.

Il est vrai que la discorde et l'esprit de parti troublent quelques-uns des États-Unis. Mais regardons en arrière, et demandons-nous s'ils en ont jamais été exempts? Ce mal existe par-tout où fleurit la liberté, et peut-être aide-t-il à la conserver. Le choc des sentimens opposés fait souvent jaillir des étincelles de vérité, qui produisent une lumière politique. Les diverses factions qui nous divisent, tendent toutes au bien public; et il n'y a réellement de différence entr'elles, que dans la manière d'y parvenir. Les choses, les actions, les opinions, tout enfin, se présente à l'esprit sous des points de vue si différens, qu'il n'est pas possible que nous pensions, tous à-la-fois, de la même manière, sur un objet quelconque, tandis qu'à peine le même homme en a la même idée en différens temps. L'esprit de parti est donc le lot commun de l'humanité ; et celui qui règne chez nous n'est ni plus dangereux, ni moins utile que celui des autres pays et des autres siècles qui ont joui, au même degré que nous, de l'extrême bonheur d'une liberté politique.

Quelques-uns d'entre nous ne sont pas si inquiets de l'état présent de nos affaires, que de ce qui peut arriver un jour. L'accroissement du luxe les alarme; et ils pensent que c'est-là ce qui nous conduit à grands pas vers notre ruine. Ils remarquent qu'il n'y a jamais de revenu suffisant sans économie; et que toutes les productions annuelles d'un pays peuvent être dissipées en dépenses vaines et inutiles, et la pauvreté succéder à l'abondance. — Cela peut-être. Cependant cela arrive rarement; car il semble qu'il y a chez toutes les nations une plus grande quantité de travail et de frugalité, contribuant à les enrichir, que de paresse et d'oisiveté, tendant à les appauvrir ;

de sorte que tout balancé, il se fait une accumulation continuelle de richesses.

Songez à ce qu'étoient du temps des anciens Romains, l'Espagne, les Gaules, la Germanie, la Grande-Bretagne, habitées par des peuples presqu'aussi pauvres que nos Sauvages ; et considérez les richesses qu'elles possèdent à présent, l'innombrable quantité de villes superbes, de fermes bien établies, de meubles élégans, de magasins remplis de marchandises ; sans compter l'argenterie, les bijoux et tout le numéraire. Oui, elles possèdent tout cela, en dépit de leurs gouvernemens exacteurs, dispendieux, extravagans, et de leurs guerres destructives. Cependant on n'a jamais gêné, dans ces contrées, ni le luxe, ni les prodigalités de l'opulence. — Ensuite, examinez le grand nombre de fermiers laborieux et sobres, qui habitent l'intérieur des états américains, et composent le corps de la nation, et jugez s'il est possible que le luxe de nos ports de mer puisse ruiner un tel pays.

Si l'importation des objets de luxe pouvoit ruiner un peuple, nous serions probablement ruinés depuis long-temps, car la nation anglaise prétendoit avoir le droit de porter chez nous, non-seulement les superfluités de son pays, mais celles de toutes les autres contrées de la terre. Nous les achetions, nous les consommions ; et cependant nous avons prospéré et sommes devenus riches. A présent nos gouvernemens indépendans peuvent faire ce qui leur étoit alors impossible. Ils peuvent diminuer par des impôts considérables, ou empêcher par une prohibition sévère, ces sortes d'importations ; et nous nous enrichirons davantage, si toutefois, et cela est incertain, le désir de nous parer de beaux habits, d'être bien meublés, d'avoir des maisons élégantes, ne doit pas, en excitant le travail et l'industrie, produire beaucoup plus que ne nous coûtent ces objets.

L'agriculture et les pêcheries des États-Unis sont les grandes sources de l'accroissement de nos richesses. Celui qui sème un grain de bled, est peut-être récompensé de sa peine par quarante grains de bled que la terre lui rend; et celui qui tire un poisson du sein de la mer, en retire une pièce d'argent.

Nous devons être attentifs à ces choses-là, et nous le serons sans doute. Alors, les puissances rivales, avec tous leurs actes prohibitifs, ne pourront pas beaucoup nous nuire. Nous sommes les enfans de la terre et des mers, et semblables à l'Antée de la fable, si en luttant avec un Hercule nous avons quelquefois le dessous, le seul attouchement de nos parens nous rendra la force de renouveler le combat.

AVIS

A CEUX QUI VEULENT ALLER S'ÉTABLIR EN AMÉRIQUE.

Plusieurs personnes en Europe, sachant que l'auteur de cet avis connoît très-bien l'Amérique septentrionale, lui ont parlé ou écrit pour lui communiquer l'intention où elles sont d'aller s'y établir. Mais il lui semble qu'elles ont formé ce projet par ignorance, et en se fesant de fausses idées de ce qu'on peut se procurer dans le pays où elles veulent se rendre. Ainsi, il croit devoir donner ici quelques notions plus claires que celles qu'on a eues jusqu'à présent sur cette partie du monde, afin de prévenir l'émigration et les voyages dispendieux et infructueux de ceux à qui ne conviennent pas de pareilles entreprises.

Beaucoup de gens s'imaginent que les habitans des États-Unis de l'Amérique sont riches, en état de faire de la dépense, et disposés à récompenser toute sorte de talens ; mais qu'en même-temps ils ne connoissent point les sciences, et que par conséquent des étrangers, qui possèdent la littérature et les beaux-arts, doivent être très-estimés dans ces contrées, et assez bien payés pour y devenir bientôt riches. On croit aussi qu'il y a beaucoup d'emplois lucratifs que les gens du pays ne sont pas propres à remplir ; et que comme peu de personnes y sont d'une noble origine, les étrangers qui portent un nom distingué doivent y être très-respectés, obtenir les meilleures places et y faire fortune. — On va jusqu'à se flatter que, pour encourager l'émigration des Européens, les divers gouvernemens des États-Unis, non-seulement payent le voyage de ceux qui viennent pour s'établir chez eux, mais leur font présent à leur arrivée, de terres, de nègres, de bétail et d'instrumens de labourage.

Toutes ces choses-là sont imaginaires ; et ceux qui fondent leurs espérances sur cela, et passent en Amérique, sont sûrement bien trompés.

La vérité est que quoique dans ce pays il y ait très-peu de gens aussi misérables que les classes pauvres d'Europe, il y en a aussi très-peu qu'on pût regarder en Europe comme riches. On y trouve plutôt une heureuse et générale médiocrité. On y voit peu de grands propriétaires de terres, et peu de fermiers qui cultivent les terres des autres. La plupart des Américains labourent leurs propres champs, exercent quelque métier ou font quelque commerce. Il en est très-peu d'assez riches pour vivre dans l'oisiveté, et pour payer aussi chèrement, qu'on le fait en Europe, les tableaux, les statues, l'architecture et les autres productions des arts, qui sont plus curieuses qu'utiles. Aussi ceux qui sont nés en Amérique avec le goût de cultiver ces arts, ont communément quitté leur patrie, et sont allés s'établir en Europe, où ils pouvoient être mieux récompensés.

Certes, la connoissance des belles-lettres et de la géométrie est très-estimée dans les États-Unis ; mais elle y est, en même-temps, plus commune qu'on ne le pense. Il y a déjà neuf grands colléges ou universités ; savoir quatre à la Nouvelle-Angleterre (1), et un dans chacune des provinces de New-York, de New-Jersey, de Pensylvanie, de Maryland et de Virginie. Ces universités ont des professeurs très-savans. Il y a, en outre, un grand nombre de petits colléges, ou d'écoles ; et l'on apprend à beaucoup de jeunes gens les langues, la théologie, la jurisprudence et la médecine.

Il n'est nullement défendu aux étrangers d'exercer ces professions ; et le rapide accroissement de la population dans toutes les parties des États-Unis, leur promet une occupation qu'ils peuvent partager avec les gens du pays. Il y a peu d'emplois civils, et il n'y en a point d'inutile comme en Europe. D'ailleurs, l'on a établi pour règle, dans quelques-unes de nos provinces, qu'aucune place ne seroit assez lucrative, pour tenter la

(1) La province de Massachusett, dont Boston est la capitale. (*Note du Traducteur.*)

cupidité de ceux qui voudroient la remplir. Le trente-sixième article de la constitution de Pensylvanie, dit expressément : — « Comme pour conserver son
» indépendance, tout homme libre, qui
» n'a point une propriété suffisante, doit
» avoir quelque profession, métier, com-
» merce ou ferme qui le fasse subsister
» honnêtement, il n'est pas nécessaire de
» créer des emplois lucratifs; parce que
» leur effet ordinaire est d'inspirer à
» ceux qui les possèdent ou qui les pos-
» tulent, un esprit de dépendance et de
» servitude, indigne d'hommes libres.
» Ainsi, toutes les fois que les émolumens
» d'un emploi augmenteront au point de
» le faire désirer à plusieurs personnes,
» il faudra que la législature en diminue
» les profits. »

Ces idées ont été plus ou moins adoptées par tous les États-Unis. Or, il ne vaut pas la peine qu'un homme, qui a quelque moyen de vivre chez lui, s'expatrie dans l'espoir d'obtenir une place avantageuse en Amérique. Quant aux emplois militaires, il n'y en a plus depuis la fin de la guerre, puisque les armées ont été licenciées.

Il convient encore moins d'aller dans les États-Unis, lorsqu'on n'a à y porter qu'une naissance illustre. En Europe, cela peut être de quelque prix : mais une pareille marchandise ne peut être offerte dans un plus mauvais marché qu'en Amérique, où, en parlant d'un étranger, les habitans demandent, non pas *qui il est*, mais *ce qu'il sait faire*. S'il a quelque talent utile, il est bien accueilli ; et s'il exerce son talent et qu'il se conduise bien, il est respecté par tous ceux qui le connoissent. Mais celui qui n'est qu'*homme de qualité*, et qui, par rapport à cela, veut obtenir un emploi et vivre aux dépens du public, est rebuté et méprisé.

Le laboureur et l'artisan sont honorés en Amérique, parce que leur travail est utile. Les habitans y disent que Dieu lui-même est un artisan, et le premier de l'univers ; et qu'il est plus admiré, plus respecté, à cause de la variété, de la perfection, de l'utilité de ses ouvrages, que par rapport à l'ancienneté de sa famille. — Ils aiment beaucoup à citer l'observation d'un nègre, qui disoit : — « Boccarorra (1) fait travailler l'homme » noir, le cheval, le bœuf, tout, excepté » le cochon. — Le cochon mange, boit, » se promène, dort quand il veut, et vit » comme un gentilhomme. » —

D'après cette façon de penser des Américains, l'un d'entr'eux croiroit avoir beaucoup plus d'obligation à un généalogiste qui pourroit lui prouver que, depuis dix générations, ses ancêtres ont été laboureurs, forgerons, charpentiers, tourneurs, tisserands, taneurs, même cordonniers, et que conséquemment ils étoient d'utiles membres de la société, que s'il lui démontroit qu'ils étoient seulement nobles, ne fesant rien de profitable, vivant nonchalamment du travail des autres, ne sachant que *con-*

(1) C'est-à-dire l'homme blanc.

sommer les fruits de la terre (1), et n'étant enfin propres à rien, jusqu'à ce qu'à leur mort, leurs biens ont été dépecés comme le cochon gentilhomme du nègre.

Quant aux encouragemens que le gouvernement donne aux étrangers, ils ne sont réellement que ce qu'on doit attendre de la liberté et des loix sages. Les étrangers sont bien reçus en Amérique, parce qu'il y a assez de place pour tous; et les habitans n'en sont point jaloux. Les loix les protégent assez, pour qu'ils n'aient besoin de l'appui d'aucun homme en place ; et chacun d'eux peut jouir en paix du produit de son industrie. Mais s'ils n'apportent point de fortune, il faut qu'ils soient laborieux et qu'ils travaillent pour vivre. Une ou deux années de séjour leur donnent tous les droits de citoyen. Mais le gouvernement ne fait point aujourd'hui ce qu'il pouvoit faire autrefois. Il n'engage plus les étrangers à s'établir,

---

(1) ....Born
Merely to eat up the corn.
WOTTS.

en payant leur passage, et leur donnant des terres, des nègres, du bétail, des instruments de labourage, ou en leur fesant aucune autre espèce d'avances. En un mot, l'Amérique est la terre du travail, et non point ce que les Anglais appellent une contrée de fainéans (1); et les Français un pays de cocagne, où les rues sont pavées de miches, les maisons couvertes d'omelettes, et où les poulets volent tout rôtis, en criant : *Approchez-vous pour nous manger.*

Quels sont donc les hommes auxquels il peut être avantageux de passer en Amérique ? Et quels sont les avantages qu'ils peuvent raisonnablement s'y promettre ?

La terre est à bon marché dans ces contrées, à cause des vastes forêts qui manquent d'habitans, et qui probablement en manqueront encore plus d'un siècle. La propriété de cent acres d'un sol fertile, couvert de bois en divers endroits, voisin des frontières, peut s'acquérir pour huit ou dix guinées. Ainsi, des

(1) Lubberland.

jeunes gens laborieux qui s'entendent à cultiver le bled et à soigner le bétail, ce qui se fait dans ces contrées à-peu-près comme en Europe, ont de l'avantage à aller s'y établir. Quelques épargnes sur les bons gages qu'ils y recevront pendant qu'ils travailleront pour les autres, les mettront bientôt à même d'acheter de la terre et de commencer à la défricher. Ils seront aidés par des voisins de bonne volonté, et ils trouveront du crédit. Beaucoup de pauvres colons, sortis d'Angleterre, d'Irlande, d'Écosse et d'Allemagne, sont, de cette manière, devenus, en peu d'années, de riches fermiers ; mais s'ils étoient restés dans leur pays, où toutes les terres sont occupées et le prix des journaliers fort médiocre, ils ne se seroient jamais élevés au-dessus de la triste condition dans laquelle ils étoient nés.

La salubrité de l'air, la bonté du climat, l'abondance de bons alimens, la facilité qu'on a à se marier de bonne heure, par la certitude de ne pas manquer de subsistance en cultivant la terre, font
que

que l'accroissement de la population est très-rapide en Amérique; et elle le devient encore davantage par l'immigration des étrangers. Aussi, on y voit sans cesse augmenter le besoin des ouvriers de toute espèce, pour construire des maisons aux agriculteurs, et leur faire les meubles et ustensiles grossiers qu'il ne seroit pas aussi commode de faire venir d'Europe.

Des ouvriers qui peuvent faire passablement les choses dont je viens de parler, sont sûrs de ne pas manquer d'occupation et d'être bien payés, car rien ne gêne les étrangers qui veulent travailler, et ils n'ont pas même besoin de permission pour cela. S'ils sont pauvres, ils commencent par être domestiques ou journaliers; et s'ils sont sobres, laborieux, économes, ils deviennent bientôt maîtres, s'établissent, se marient, élèvent bien leurs enfans, et sont des citoyens respectables.

Les gens qui, ayant une médiocre fortune, et une nombreuse famille, désirent d'élever leurs enfans au travail, et de leur assurer une propriété, peuvent aussi passer en Amérique. Ils y trouveront des ressources dont ils manquent en Europe. Là, ils pourront apprendre et exercer des arts mécaniques, sans que cela leur procure aucun désagrément. Au contraire, leur travail leur attirera du respect. Là, de petits capitaux employés à acheter des terres qui acquièrent chaque jour plus de prix par l'accroissement de la population, donnent à ceux qui en font cet usage, la certitude de laisser d'assez grandes fortunes à leurs enfans.

L'auteur de cet écrit a vu plusieurs exemples de grands terrains, achetés à raison de dix livres sterlings pour cent acres, dans le pays, qu'on appeloit alors les frontières de la Virginie, lesquels, au bout de vingt ans, ayant été défrichés, et se trouvant en-deçà de nouveaux établissemens, ont été vendus trois livres sterlings l'acre. L'acre américain est le même que l'acre anglais et l'acre de Normandie (1).

(1) Le département de la Seine-Inférieure. Cet acre n'existe plus depuis que la république a sagement établi l'égalité des mesures. (*Note du Tra.*)

Ceux qui veulent connoître le gouvernement des Américains, doivent lire les constitutions des différens États-Unis, et les articles de confédération qui les lient les uns aux autres, sous la direction d'une assemblée générale, appelée *Congrès*. Ces constitutions ont été imprimées en Amérique, par ordre du congrès. L'on en a fait deux éditions à Londres, et la traduction française en a été publiée dernièrement à Paris.

Depuis quelque temps, divers princes de l'Europe, croyant qu'il y auroit de l'avantage pour eux à multiplier les manufactures dans leurs états, de manière à diminuer l'importation des marchandises étrangères, ont cherché à attirer des ouvriers des autres pays, en leur accordant de gros salaires et des privilèges.—Beaucoup de personnes, qui prétendent être très-habiles dans divers genres de manufactures précieuses, s'imaginant que l'Amérique devoit avoir besoin d'elles, et que le congrès seroit probablement disposé à imiter les princes dont je viens de faire mention, lui ont proposé de se rendre dans les États-Unis, à condition qu'il paieroit leur passage et qu'il leur donneroit des terres, des appointemens, et des privilèges pour un certain nombre d'années. Mais si ces personnes lisent les articles de la confédération des États-Unis, elles verront que le congrès n'a ni le pouvoir ni l'argent nécessaire pour faire ce qu'elles désirent. Si de tels encouragemens peuvent avoir lieu, ce n'est que de la part du gouvernement de quelqu'un des états. Cependant, cela arrive rarement en Amérique; et quand on l'a fait, le succès a souvent mal répondu aux espérances. On a vu que le pays n'étoit pas encore assez avancé pour engager des particuliers à y établir des manufactures. La main-d'œuvre y est communément trop chère; il est trop difficile d'y rassembler des journaliers, parce que chacun veut y travailler pour son compte; et le bas prix des terres y excite beaucoup d'ouvriers à abandonner leur métier pour s'adonner à l'agriculture.

Le peu de manufactures qui y ont réussi, sont celles qui exigent peu de bras, et dans lesquelles la plus grande partie du travail se fait avec des machines. Les marchandises trop volumineuses, et qui ne sont pas d'un prix assez considérable pour supporter les dépenses du fret, peuvent être faites dans le pays et vendues à meilleur marché, que lorsqu'on les y transporte. Mais ce ne sont que ces sortes d'objets qu'il est avantageux d'y fabriquer lorsqu'on en trouve le débit. Les fermiers américains ont tous les ans beaucoup de laine et de lin : mais au lieu d'en exporter, on emploie le tout dans le pays. Chaque fermier a chez lui sa petite manufacture pour l'usage de sa famille. L'on a essayé, dans plusieurs provinces, d'acheter une grande quantité de laine et de lin, pour les faire filer et tisser, et former des établissemens où l'on pût vendre beaucoup de toile et d'étoffes de laine : mais ces projets n'ont presque jamais réussi, parce que les marchandises pareilles qui viennent de l'étranger, sont moins chères.

Lorsque le gouvernement a été invité à soutenir ces établissemens, par des encouragemens, par des avances de fonds, ou en mettant des impôts sur l'importation des marchandises étrangères, il a presque toujours refusé; car il a pour principe que si le pays est déjà en état d'avoir des manufactures, des particuliers trouveront assez d'avantage à les entreprendre; et que s'il ne l'est pas encore, c'est une folie de vouloir forcer la nature.

L'établissement de grandes manufacture exige qu'il y ait un grand nombre de pauvres ouvriers, qui travaillent pour un faible salaire. Il peut y avoir de ces pauvres ouvriers en Europe : mais il ne s'en trouvera point en Amérique, jusqu'à ce que toutes les terres soient occupées et cultivées, et qu'il y ait un surcroît de population, qui, ne pouvant avoir de terres, manque de travail.

Les manufactures de soieries sont, dit-on, naturelles en France, comme celles de drap en Angleterre ; parce que chacun de ces pays produit abondamment les matières premières. Mais si l'Angleterre vouloit fabriquer des soieries, comme elle fabrique des draps, et la France fabriquer des draps, comme elle fabrique des soieries, ces entreprises contre nature auroient besoin d'être soutenues par des prohibitions mutuelles, ou par des droits considérables mis sur les marchandises importées d'un de ces états dans l'autre. Par ce moyen les ouvriers feroient payer un plus haut prix aux consommateurs, tandis que le surcroît de salaires qu'ils recevroient, ne les rendroit ni plus heureux, ni plus riches, car ils boiroient davantage et travailleroient moins.

Les gouvernemens américains croient donc ne pas devoir encourager ces sortes de projets. Aussi, ni les marchands, ni les ouvriers, ne font la loi à personne. Si le marchand veut vendre trop cher une paire de souliers qui vient de l'étranger, l'acheteur s'adresse à un cordonnier; et si le cordonnier demande un trop haut prix, l'acheteur retourne au marchand : ainsi la concurrence retient dans de justes limites le marchand et l'ouvrier. Cependant le cordonnier gagne en Amérique, beaucoup plus qu'il ne gagneroit en Europe, parce qu'il peut ajouter au prix qu'il vend ses souliers, une somme presqu'égale aux dépenses de fret, de commission, d'assurances, que fait nécessairement payer le marchand. Il en est de même pour les ouvriers dans tous les autres arts mécaniques. Aussi, les artisans vivent en général beaucoup mieux en Amérique qu'en Europe ; et ceux qui sont économes ramassent aisément de quoi vivre dans leur vieillesse, et laisser du bien à leurs enfans. — Les hommes qui ont un métier peuvent donc avoir de l'avantage à aller s'établir dans les États-Unis.

L'Europe est depuis long-temps habitée ; et là, les arts, les métiers, les professions de toute espèce sont si bien fournis, qu'il est difficile à un pauvre homme, qui a des enfans, de les placer de manière à leur faire gagner, ou apprendre à gagner une honnête subsistance. L'artisan qui craint de se créer des rivaux refuse de prendre des apprentis, à moins qu'on ne lui donne de l'argent, qu'on ne les nourrisse ou qu'on ne se soumette à d'autres conditions trop onéreuses pour les parens. Aussi les jeunes gens restent souvent dans l'ignorance de tout ce qui pourroit leur être utile, et ils sont obligés, pour vivre, de devenir soldats, domestiques ou voleurs.

En Amérique, l'augmentation continuelle de la population, empêche qu'on n'ait cette crainte de se créer des rivaux. Les ouvriers y prennent volontiers des apprentis, parce qu'ils espèrent retirer du profit de leur travail, pendant tout le temps qui s'écoulera depuis l'époque où ils sauront leur métier, jusqu'au terme stipulé dans leur contrat. Il est donc facile aux familles pauvres de faire élever utilement leurs enfans; et les ouvriers sont si portés à avoir des apprentis, que plusieurs d'entr'eux donnent de l'argent aux parens, pour avoir des garçons de dix à quinze ans, et les garder jusqu'à ce qu'ils en aient vingt-un. Par ce moyen beaucoup de pauvres parens ont, à leur arrivée en Amérique, ramassé assez d'argent, pour acheter des terres, s'y établir, et subsister, en les cultivant avec le reste de leur famille.

Les contrats d'apprentissage se font en présence d'un magistrat, qui en règle les conditions, conformément à la raison et à la justice; et comme il a en vue de voir former un citoyen utile, il oblige le maître de s'engager, par écrit, non-seulement à bien nourrir l'apprenti, à l'habiller, à le blanchir, à le loger, et à lui donner un habillement complet à la fin de l'apprentissage, mais encore à lui faire apprendre à lire, à écrire, à chiffrer, et à lui enseigner sa profession, ou quelqu'autre par laquelle il puisse être en état de gagner sa vie, et d'élever une famille.

Une copie de cet acte est remise à l'apprenti ou à ses parens, et le magistrat en garde la minute, à laquelle on peut avoir recours, en cas que le maître manque à quelqu'une de ses obligations.

Ce désir qu'ont les maîtres, d'avoir beaucoup de mains employées à travailler pour eux, les engage à payer le passage des personnes de l'un et de l'autre sexe, qui arrivent jeunes en Amérique, et conviennent de les servir pendant deux, trois ou quatre ans. Les jeunes gens, qui savent déjà travailler, s'engagent pour un terme moins long, proportionné à leur talent et au profit qu'on peut retirer de leur service. Ceux qui ne savent rien faire donnent plus de temps, à condition qu'on leur enseignera un métier, que leur pauvreté ne leur avoit pas permis d'apprendre dans leur pays.

Comme la médiocrité de fortune est presque générale en Amérique, les habitans sont obligés de travailler pour vivre. Aussi on y voit rarement cette foule de vices qu'enfante l'oisiveté. Un travail constant est le conservateur des mœurs et de la vertu d'un peuple. Les jeunes gens ont moins de mauvais exemples en

Amérique qu'ailleurs; et c'est une considération qui doit flatter les parens. On peut ajouter à cela qu'une religion grave y est, sous différentes dénominations, non-seulement tolérée, mais respectée et pratiquée. — L'athéisme y est inconnu. L'incrédulité y est rare et secrète ; de sorte qu'on peut y vivre jusqu'à un âge très-avancé sans y avoir à souffrir de la présence d'un athée ou d'un mécréant. La providence semble manifester son approbation de la tolérance et de la douceur avec lesquelles les différentes sectes s'y traitent mutuellement, par la prospérité qu'elle daigne accorder à tout le pays.

DISCOURS
PRONONCÉ
DANS LA DERNIÈRE CONVENTION
DES ÉTATS-UNIS.

Monsieur le Président,

J'avoue qu'en ce moment je n'approuve pas entièrement notre constitution : mais je ne sais point si, par la suite, je ne l'approuverai pas ; car, comme j'ai déjà vécu long-temps, j'ai souvent éprouvé que l'expérience ou la réflexion me fesoit changer d'opinion sur des sujets très-importans, et que ce que j'avois d'abord cru juste, me sembloit ensuite tout différent. C'est pour cela que plus je deviens vieux, et plus je suis porté à me défier de mon propre jugement, et à respecter davantage le jugement d'autrui.

La plupart des hommes, ainsi que la plupart des sectes religieuses, se croient en possession de la vérité, et s'imaginent que quand les autres ont des opinions différentes des leurs, c'est par erreur. Steel, qui étoit un protestant, dit dans une épitre dédicatoire au pape, « Que » la seule différence qu'il y ait, entre » l'église romaine et l'église protestante, » c'est que l'une se croit infaillible, et » que l'autre pense n'avoir jamais tort ». — Mais quoique beaucoup de gens ne doutent pas plus de leur propre infaillibilité que les catholiques de celle de leur église, peu d'entr'eux ne l'avouent pas aussi naturellement qu'une dame française, qui, dans une petite dispute qu'elle avoit avec sa sœur, lui disoit : — « Je » ne sais pas, ma sœur, comment cela » se fait; mais il me semble qu'il n'y a » que moi, qui ai toujours raison (1). »

J'accepte notre constitution, avec tous ses défauts, si tant est, pourtant, que les

(1) Franklin ne cite pas très-exactement cette anecdote, qui se trouve dans les *Mémoires de madame de Stalh*, née mademoiselle Delaunay. (*Note du Traducteur.*)

défauts que j'y trouve, y soient réellement. Je pense qu'un gouvernement général nous est nécessaire. Quelque forme qu'ait un gouvernement, il n'y en a point qui ne soit avantageux, s'il est bien administré. Je crois qu'il est vraisemblable que le nôtre sera administré sagement pendant plusieurs années; mais que, comme tous ceux qui l'ont précédé, il finira par devenir despotique, lorsque le peuple sera assez corrompu, pour ne pouvoir plus être gouverné que par le despotisme.

Je déclare en même-temps, que je ne pense pas que les conventions que nous aurons par la suite, puissent faire une meilleure constitution que celle-ci; car lorsqu'on rassemble un grand nombre d'hommes pour recueillir le fruit de leur sagesse collective, on rassemble inévitablement avec eux, leurs préjugés, leurs erreurs, leurs passions, leurs vues locales et leurs intérêts personnels. Une telle assemblée peut-elle donc produire rien de parfait? Non sans doute, M^r. le président; et c'est pour cela que je suis étonné que notre constitution approche autant de la perfection qu'elle le fait. J'imagine même qu'elle doit étonner nos ennemis, qui se flattent d'apprendre que nos conseils seront confondus comme les hommes qui voulurent construire la tour de Babylone, et que nos différens états sont au moment de se diviser dans l'intention de se réunir ensuite pour s'égorger mutuellement.

Oui, Mr. le président, j'accepte notre constitution, parce que je n'en attend pas de meilleure, et parce que je ne suis pas sûr qu'elle n'est pas la meilleure. Je sacrifie au bien public l'opinion que j'ai contr'elle. Tandis que j'ai été dans les pays étrangers, je n'ai jamais dit un seul mot sur les défauts que j'y trouve. C'est dans cette enceinte que sont nées mes observations, et c'est ici qu'elles doivent mourir. Si en retournant vers leurs constituans, les membres de cette assemblée, leur fesoient part de ce qu'ils ont à objecter contre la constitution, ils empêcheroient qu'elle fût généralement adoptée, et préviendroient

droient les salutaires effets que doit avoir parmi les nations étrangères, ainsi que parmi nous, notre réelle ou apparente unanimité. La force et les moyens qu'a un gouvernement pour faire le bonheur du peuple, dépendent beaucoup de l'opinion ; c'est-à-dire, de l'idée générale qu'on se forme de sa bonté, ainsi que de la sagesse et de l'intégrité de ceux qui gouvernent.

J'espère donc que par rapport à nous-mêmes, qui fesons partie du peuple, et par rapport à nos descendans, nous travaillerons cordialement et unanimement à faire aimer notre constitution, partout où nous pourrons avoir quelque crédit, et nous tournerons nos pensées, nous dirigerons nos efforts vers les moyens de la faire bien administrer.

Enfin, M*r*. le président, je ne puis m'empêcher de former un vœu, c'est que ceux des membres de cette convention, qui peuvent encore avoir quelque chose à objecter contre la constitution, veuillent, ainsi que moi, douter un peu de leur infaillibilité, et que pour prouver que nous avons agi avec unanimité, ils mettent leur nom au bas de cette charte.

———

—On fit la motion d'ajouter à la convention des États-Unis, cette formule : — « Fait en convention, d'un consentement unanime, etc. » — La motion passa, et la formule fut ajoutée.

PROJET
D'UN COLLÉGE ANGLAIS,
PRÉSENTÉ
AUX CURATEURS
DU COLLÉGE DE PHILADELPHIE.

Il faut que, pour être admis dans ce collége, chaque écolier soit au moins en état de bien prononcer les syllabes en lisant, et d'écrire passablement. Aucun écolier ne pourra y être reçu au-dessous de l'âge de.... ans.

PREMIÈRE CLASSE, OU CLASSE INFÉRIEURE.

Il faut que dans cette classe, on enseigne aux écoliers les règles de la grammaire anglaise, et qu'en même-temps on prenne soin de les faire bien ortographier. Peut-être la meilleure manière d'apprendre l'ortographe est de mettre toujours ensemble les deux écoliers qui ont le même degré de capacité. Il faut que ces deux rivaux se disputent la victoire, et que chacun d'eux propose, tous les jours, à l'autre, d'ortographier dix mots différens. Celui qui écrira correctement le plus grand nombre des mots proposés par son adversaire, aura la victoire; et celui qui la remportera le plus souvent dans un mois, obtiendra, pour prix, un petit livre, ou quelqu'autre chose utile à ses études.

Cette méthode fixe l'attention des enfans sur l'ortographe, et fait qu'ils écrivent de bonne heure très-correctement. Il est honteux pour un homme d'ignorer l'ortographe de sa propre langue, au point de confondre les mots qui ont le même son et une différente signification. Celui qui a le sentiment de son insuffisance à cet égard, et qui cependant a de l'esprit et des connoissances, a de la répugnance pour écrire, même la lettre la plus simple.

Il faut que dans la première classe, les écoliers ne lisent que des morceaux fort courts, tels que les *Fables de Croxal*, et de petites histoires. En leur donnant leur leçon, on doit la leur lire, leur expliquer les mots difficiles qu'elle contient et ensuite leur donner le temps de l'apprendre par cœur, avant qu'ils la lisent au maître. Celui-ci doit prendre garde qu'ils lisent sans trop de rapidité, et qu'ils observent exactement les endroits où la voix doit se reposer.

On doit former pour leur usage, un vocabulaire des mots les plus difficiles, avec leur explication; et chaque jour ils pourront apprendre par cœur un certain nombre de ces mots, ce qui exercera leur mémoire. S'ils ne les apprennent pas, ils peuvent au moins les écrire dans un petit cahier, ce qui les aidera à s'en rappeler la signification, et en mêmetemps, leur formera un petit dictionnaire qui, par la suite, leur sera utile.

SECONDE CLASSE.

Là, on doit enseigner à lire avec attention, et avec les modulations de la voix, analogues au sujet de l'ouvrage qu'on lit et aux sentimens qu'on veut exprimer.

Les leçons à étudier dans cette classe, ne doivent pas excéder la longueur des discours du *Spectateur*; et même ceux de ces discours qui sont le plus aisés, peuvent très-bien servir à ces leçons. C'est le soir qu'on doit donner ces leçons aux écoliers, afin qu'ils aient le temps de les étudier pour le matin. Il faut qu'on les accoutume d'abord à rendre compte de quelques parties du discours, et à en construire une ou deux phrases: cela les obligera à avoir fréquemment recours à leur grammaire, et à en fixer les principales règles dans leur mémoire; ensuite, il faut qu'ils sachent expliquer l'intention de l'écrivain, le but de l'ouvrage, et dire quelle est la signification de chaque phrase et même de chaque mot extraordinaire. Cela leur rendra bientôt familiers le sens et la force des termes, et leur donnera la très-utile habitude de lire avec attention.

Le maître doit lire le discours avec

le ton et la dignité convenables, et employer même les gestes, lorsque cela est nécessaire, afin que ses écoliers puissent imiter sa manière.

Quand l'auteur a employé une expression qui manque de justesse, il faut le faire observer aux écoliers. Mais on doit, sur-tout, leur faire particulièrement remarquer les beautés d'un ouvrage.

On doit aussi varier les lectures, de manière que la jeunesse apprenne à connoître les bons styles de tout genre, soit en prose, soit en vers, et la manière différente dont il convient de les lire. Il faut leur donner, tantôt une histoire bien écrite, quelque partie d'un sermon, la harangue d'un général à ses soldats, tantôt un morceau de tragédie, ou de comédie, une ode, une satire, une lettre, des vers blancs, et un passage d'*Hudibras* ou de quelque poëme héroïque. Mais ces écrits doivent être bien choisies, et contenir quelqu'instruction propre à former l'esprit des jeunes gens, et à leur inspirer le goût des bonnes mœurs.

Il est nécessaire que les écoliers commencent par étudier les leçons, et qu'ils les entendent bien, avant de les lire tout haut; en conséquence, il faut que chaque écolier ait un petit dictionnaire anglais, afin de pouvoir y chercher le sens des mots qui lui paroissent difficiles. Quand nos enfans lisent de l'anglais en notre présence, nous nous imaginons qu'ils entendent tout ce qu'ils lisent, parce que nous l'entendons nous-même, et parce que c'est notre langue naturelle. Mais le fait est qu'ils lisent souvent comme les perroquets parlent, comprenant très-peu, ou plutôt ne comprenant rien de ce qu'ils disent.

Il est impossible qu'un lecteur donne à sa voix le ton convenable, et prononce avec justesse, à moins que son esprit ne précède sa voix, et ne sente bien ce qu'il dit. La coutume qu'on a d'exercer les enfans à lire haut ce qu'ils n'entendent pas, occasionne cette manière monotone qui est si commune parmi les lecteurs; et lorsqu'on s'y est une fois accoutumé, il est très-difficile de s'en corriger. Aussi, parmi cinquante lecteurs, à peine s'en trouv-t-il un de bon. La rareté des gens qui lisent bien, est cause que les écrits qu'on publie dans le dessein d'influer sur les *opinions* des hommes, ou pour leur avantage, ont toujours la moitié moins d'effet. Si dans chaque canton il y avoit seulement un homme qui sût bien lire, un bon orateur auroit sur toute une nation, le même avantage et le même effet qu'il a dans l'assemblée où il parle; et il sembleroit alors que sa voix seroit entendue de tous ses concitoyens.

TROISIÈME CLASSE.

DANS cette classe, on doit apprendre à parler avec justesse et avec grace; ce qui a beaucoup de rapport avec l'art de bien lire, et le suit naturellement dans les études de la jeunesse. Là, il faut que les écoliers commencent à apprendre les élémens de la rhétorique, d'après un traité abrégé et propre à leur faire connoître les tropes, les figures. On doit, en outre, leur faire remarquer leurs fautes contre la grammaire, leur mauvais accent, leurs phrases peu correctes, et généralement tous les vices de leur élocution.

On doit leur faire apprendre par cœur et réciter avec action, de courtes harangues qui se trouvent dans l'histoire romaine, ou dans d'autres histoires, ainsi que des discours tirés des débats parlementaires. On peut aussi leur apprendre à déclamer les meilleures scènes de nos belles tragédies et comédies, en choisissant toutefois celles où il n'y a rien qui puisse nuire aux mœurs de la jeunesse. Enfin, il faut avoir le plus grand soin de les former dans l'art de la parole, d'après les meilleurs modèles.

Pour les perfectionner davantage et varier un peu leurs études, on doit commencer à leur faire lire l'histoire, après qu'ils ont gravé dans leur mémoire une petite table des principales époques de la chronologie. *L'Histoire ancienne* et *l'Histoire romaine de Rollin* sont celles qu'il faut mettre entre leurs mains, ainsi que les meilleures histoires d'Angleterre et des colonies anglaises. Ils les liront à des heures convenables, et continueront dans les autres classes où ils passeront.

Il faut exciter l'émulation parmi les enfans, en donnant chaque semaine de petits prix ou d'autres encouragemens à ceux qui sont le mieux en état de citer les noms des personnes, les temps et les lieux, dont il est parlé dans ce qu'ils ont lu. Cela les engagera à lire avec plus d'attention, et à mieux apprendre l'histoire. En fesant des remarques sur l'histoire, le maître a de fréquentes occasions d'instiller dans l'esprit de ses élèves, une instruction variée, et de former leur jugement en leur inspirant le goût d'une morale pure.

Les leçons d'histoire naturelle et d'astronomie qu'on trouve dans le *Spectacle de la Nature*, doivent aussi occuper les écoliers de la troisième classe, et être continuées dans les suivantes, par la lecture d'autres livres du même genre; car ce genre d'étude est, après celui des devoirs de l'homme, le plus utile et le plus agréable. Il apprend au marchand à mieux connoître une foule d'objets, qui ont rapport à son commerce; il apprend à l'artisan à perfectionner son travail, par des instrumens nouveaux, et par le mélange de différentes matières; il donne enfin, des idées pour l'établissement de nouvelles manufactures, et l'amélioration du sol; ce qui peut être du plus grand avantage pour un pays.

Quatrième classe.

C'est dans cette classe qu'on doit enseigner la composition. Bien écrire sa propre langue est, pour un homme, le talent le plus nécessaire après celui de la bien parler. Il faut que le maître à écrire prenne soin que les enfans aient un beau caractère d'écriture et forment leurs lignes bien droites et bien égales. Mais former leur style et être attentif à ce qu'ils ponctuent bien et emploient à propos les lettres capitales, est du devoir du maître d'anglais. Les élèves doivent être mis en concurrence pour écrire des lettres sur divers sujets, et composer des morceaux d'après leur imagination, soit de petites histoires, soit des observations sur ce qu'ils ont lu et sur les passages des auteurs qui leur plaisent le plus, ou enfin, des lettres de félicitation, de compliment, de sollicitation, de remerciement, de recommandation, d'exhortation, de consolation, de plainte, d'excuse. On leur apprendra à s'exprimer, dans ces lettres, avec clarté, d'une manière concise et naturelle, et à éviter les grands mots et les phrases ampoulées.

Tout ce qu'ils écriront passera sous les yeux du maître, qui leur fera remarquer leurs fautes, les corrigera, et donnera des éloges aux endroits qui en mériteront. Quelques-unes des meilleures lettres publiées dans notre langue, telles que celles de sir William Temple, de Pope, de ses amis, et quelques autres, seront données pour modèle aux élèves; et le maître, en les leur fesant copier, leur en fera remarquer les beautés.

Les élèves liront les *Élémens de Mo-*

rale (1) du docteur Johnson; et le maître les leur expliquera, afin de graver dans leur ame des principes solides de vertu et de piété.

Comme les élèves de la quatrième classe continueront à lire l'histoire, on leur donnera, à certaines heures, de nouvelles leçons de chronologie, et le maître de mathématiques leur enseignera cette partie de la géographie qui est nécessaire pour bien connoître les cartes et la sphère armillaire. On leur apprendra aussi les noms modernes des lieux dont parlent les anciens auteurs. On continuera de temps en temps à les former dans l'art de bien lire et de bien parler.

CINQUIÈME CLASSE.

Ici, les élèves se perfectionneront dans la composition. Non-seulement ils continueront à écrire des lettres, mais ils feront de petits traités en prose, et ils s'essaieront en vers; non qu'on en veuille faire des poëtes, mais parce que

(1) *Ethices Elementa.*

rien n'est si utile à un jeune homme pour apprendre à varier ses expressions, que la nécessité de trouver des mots et des phrases, qui conviennent à la mesure, à l'harmonie et à la rime des vers, et qui, en même-temps, rendent bien le sentiment qu'il doit peindre.

Le maître examinera ces divers essais, et en indiquera les fautes, pour que l'élève les corrige lui-même. Les élèves, dont le jugement ne sera pas assez formé pour cette composition, recevront du maître le sens d'un discours du *Spectateur*, et l'écriront le mieux qu'ils pourront. On leur donnera aussi le sujet d'une histoire pour qu'ils l'arrangent d'une manière convenable. On leur fera abréger quelques paragraphes d'un auteur diffus, ou amplifier des morceaux trop concis. — On leur fera lire les *Premiers Principes des Connoissances Humaines* (1) du docteur Johnson, contenant la logique ou l'art de raisonner; et on leur expliquera les difficultés qu'ils pourront y trouver.

(1) Noetica.

On continuera encore, dans cette classe, à former les élèves dans l'art de bien lire et de bien parler.

Sixième classe.

INDÉPENDAMMENT de l'histoire, qui sera continuée dans la sixième classe, les élèves y étudieront la rhétorique, la logique, la morale, la physique; et on leur fera lire les meilleurs écrivains anglais, tels que Tillotson, Milton, Locke, Addisson, Pope, Swift, les discours les plus élégans du *Spectateur* et du *Tuteur*, et les meilleures traductions d'Homère, de Virgile, d'Horace, du Télémaque et des Voyages de Cirus.

Il y aura, chaque année, un exercice général, en présence des curateurs du collége et de tous les citoyens qui voudront y assister. Alors, de beaux livres, bien reliés et dorés sur tranche, seront distribués aux élèves qui se distingueront et surpasseront leurs camarades dans quelque genre de science. Il y aura trois degrés de comparaison. Le meilleur prix sera

sera donné à l'élève qui excellera; le second, à celui qui viendra immédiatement après, et le troisième, au suivant. Des éloges, des encouragemens, des avis seront le partage du reste. Car il faut leur faire espérer qu'avec de l'assiduité, ils pourront, une autre fois, avoir le prix. Les noms de ceux qui l'auront remporté, seront imprimés tous les ans.

Les heures du travail seront, chaque jour, distribuées de manière que le maître à écrire et le maître de mathématiques, puissent donner des leçons aux diverses classes; car il faut que tous les élèves continuent à se perfectionner dans l'écriture, et apprennent l'arithmétique, la partie des comptes, la géographie, l'usage de la sphère, le dessin et la mécanique. Tandis qu'une partie d'entr'eux sera occupée de ces sciences, les autres étudieront sous le maître d'anglais.

Instruits de cette manière, les élèves qui sortiront du collége, seront propres à toute espèce de profession, excepté celles qui exigent la connoissance des langues mortes et des langues étrangères. Mais s'ils ne savent point ces langues, ils sauront au moins parfaitement la leur, qui est d'un usage plus immédiat et plus utile, et ils auront acquis plusieurs autres connoissances précieuses.

Le temps qu'on consacre souvent infructueusement à apprendre les langues mortes et étrangères, sera ici employé à acquérir des connoissances et des talens qui, convenablement perfectionnés, mettront les élèves en état de remplir toutes les places de la vie civile, d'une manière utile et glorieuse pour eux-mêmes et pour leur pays.

SUR
LA THÉORIE DE LA TERRE.
A L'ABBÉ S....

Passy, le 22 septembre 1782.

Monsieur,

Je vous renvoie votre écrit, avec quelques corrections. — Je n'ai point vu de mines de charbon sous les rochers calcaires du Derby-Shire. J'ai seulement remarqué que la partie inférieure des montagnes de rochers, qu'on peut y voir, est mêlée d'écailles d'huître et de pierres. Les endroits élevés du comté de Derby sont, je crois, autant au-dessus du niveau de la mer, que les mines de charbon de Whitehaven sont au-dessous; ce qui semble prouver un grand bouleversement dans la surface de l'Angleterre. Quelques parties de cette île se sont enfoncées dans la mer, tandis que d'autres, qu'elle couvroit, se sont beaucoup élevées au-dessus d'elle.

Si le centre du globe étoit composé d'une masse solide, il me semble que de tels changemens ne s'appercevroient pas à sa surface. C'est pourquoi j'imagine que les parties intérieures de la terre sont un fluide plus dense et d'une gravité plus spécifique qu'aucun des solides que nous connoissons, et qui, par conséquent, peuvent nager dans ce fluide, ou flotter au-dessus. Ainsi la surface du globe n'est qu'une espèce de coquille, qui peut être brisée et mise en désordre, par les violens mouvemens du fluide sur lequel elle repose. L'on a trouvé, par le secours de l'art, le moyen de comprimer l'air, de manière à le rendre deux fois aussi dense que l'eau; or, si cet air se trouvoit renfermé avec de l'eau dans un vase de verre très-fort, il se rendroit bientôt au fond et l'eau flotteroit au-dessus. Mais nous ne savons pas jusqu'à quel degré de densité l'air peut être comprimé.

M. Amontons a calculé que sa densité croît à mesure qu'elle approche du centre, dans une proportion relative à celle de la surface, et qu'à la profondeur de quelques lieues il doit être plus pesant que l'or : ainsi il est possible que le fluide dense, qui forme la partie intérieure du globe, ne soit que de l'air comprimé; et comme, quand l'air dense est échauffé, son expansion a de la force en raison de sa densité, cet air central peut être cause qu'un autre agent bouleverse la surface du globe, pendant qu'il sert lui-même à tenir en activité les feux souterrains. Cependant, la raréfaction soudaine de l'eau peut, ainsi que vous l'observez, être sans le secours de ces feux, assez forte pour cela, lorsqu'elle agit entre la terre, qui la presse, et le fluide sur lequel elle repose.

Si l'on pouvoit s'abandonner à son imagination pour expliquer comment le globe a été formé, je dirois que tous les élémens étoient divisés en petites parties et confusément mêlés, qu'ils occupoient un grand espace, et qu'aussitôt que l'Être Suprême a ordonné l'existence de leur gravité, c'est-à-dire, l'attraction mutuelle de certaines parties, et la répulsion mutuelle des autres, tous ont tendu vers leur centre commun. Je dirois que l'air étant un fluide, dont les parties repoussent toutes celles qui leur sont étrangères, il a été entraîné vers le centre commun, par sa gravité, et devoit être plus dense à mesure qu'il approchoit plus de ce centre ; que conséquemment tous les corps, plongés dans cet air et plus légers que ces parties centrales, ont dû s'éloigner du centre et s'élever jusqu'à cette région, où la gravité spécifique de l'air étant la même que la leur, ils se sont arrêtés ; tandis que d'autres matières mêlées avec un air plus léger, sont descendues, et se rencontrant avec les premières, ont formé la coquille de la terre, et laissé l'atmosphère qui est au-dessus, presqu'entièrement dégagé de toutes les parties hétérogènes.

Le premier mouvement des parties de

l'air vers leur centre commun, a dû occasionner un tourbillon, qui a été continué par la rotation du globe nouvellement formé, et le plus grand diamètre de la coquille s'est trouvé à l'équateur. Ensuite, si par quelqu'accident l'axe du globe a été changé, le fluide dense et intérieur a dû, en changeant de forme, crever la coquille, et jeter les diverses substances, qui la composent, dans la confusion où nous la voyons.

Je ne veux pas, à présent, vous fatiguer de mes idées sur la manière dont a été formé le reste de notre systême terrestre. Les esprits célestes sourient de nos théories, et de la présomption avec laquelle nous osons les faire.

Je ne dois pas négliger de vous dire que votre observation sur la nature ferrugineuse de la lave que vomissent les volcans, m'a fait très-grand plaisir. Je me suis imaginé, depuis très-long-temps, que le fer contenu dans la substance du globe, l'a rendu propre à être, comme il est en effet, un grand aimant; que le fluide du magnétisme existe, peut-être, dans tout l'espace; de sorte que l'Univers a, ainsi que notre globe, un nord et un sud magnétique; et si un homme avoit la faculté de voler d'une étoile à l'autre, il pourroit diriger sa route par le moyen de la boussole. Je crois, enfin, que c'est par le pouvoir de ce magnétisme général, que le globe terrestre est devenu un aimant particulier. Dans du fer ramolli, ou chaud, le fluide magnétique est également répandu : mais quand ils est sous l'influence d'un aimant, il est attiré à l'une des extrémités du fer, de laquelle la densité augmente, tandis que celle de l'extrémité opposée diminue.

Pendant que le fer est ramolli et chaud, il n'est qu'un aimant momentané : s'il se refroidit et qu'il se durcisse dans cet état, il devient un aimant perpétuel; parce que le fluide magnétique ne reprend pas aisément son équilibre. Peut-être est-ce parce que le globe a acquis un magnétisme permanent, qu'il n'avoit point d'abord, que son axe est à présent retenu dans une ligne parallèle avec lui, et qu'il n'est plus sujet aux changemens qu'il a jadis éprouvés, et qui, en brisant sa coquille, ont occasionné la submersion de quelques terres, l'exhaussement de quelques autres, et le désordre des saisons. A présent que le diamètre de la terre à l'équateur, diffère de près de dix lieues de celui des pôles, il est aisé de concevoir, qu'en cas que quelque pouvoir changeât graduellement l'axe et parvînt à le placer où se trouve actuellement l'équateur, tandis que l'équateur passeroit où sont les pôles, il est aisé de concevoir, dis-je, quel écoulement d'eau auroit lieu dans les régions qui sont sous la ligne, et quel exhaussement de terres s'opéreroit dans celles qui sont sous les pôles. Beaucoup de terres, qui sont à présent sous les eaux, resteroient à découvert, et d'autres seroient submergées, puisque l'eau s'élèveroit ou s'enfonceroit de près de cinq lieues dans les extrémités opposées. Une telle opération est peut-être cause qu'une grande partie de l'Europe, et, entr'autres endroits, la montagne de Passy, où je demeure, et qui est composée de pierre à chaux, de roc et de coquilles de mer, a été abandonnée par cet élément, et que son climat est devenu tempéré, de chaud qu'il semble avoir été.

Le globe étant maintenant un aimant parfait, nous sommes peut-être à l'abri de voir désormais changer son axe, mais nous sommes encore exposés à voir arriver, à sa surface, des accidens occasionnés par le mouvement du fluide intérieur; et ce mouvement est lui-même l'effet de l'explosion violente et soudaine que produit sous la terre la rencontre de l'eau et du feu. Alors, non-seulement la terre qui se trouve au-dessus, est enlevée, mais le fluide, qui est au-dessous, est pressé avec la même force, et éprouve une ondulation qui peut se faire sentir à mille lieues de distance, soulevant ou ébranlant successivement toutes les contrées au-dessous desquelles elle a lieu.

Je ne sais pas si je me suis expliqué assez clairement, pour que vous puissiez comprendre mes rêveries. Si elles occasionnent quelques nouvelles recherches, et produisent une meilleure hypothèse, elles ne seront pas tout-à-fait inutiles. Vous voyez que je me suis laissé emporter par mes idées. Cependant j'approuve beaucoup plus votre façon de philosopher, procédant d'après des observations, rassemblant des faits, et ne concluant que d'après ces faits. Mais dans les circonstances où je me trouve actuellement, cette manière d'étudier la nature de notre globe n'est pas en mon pouvoir; c'est pourquoi je me suis permis d'errer un peu dans les déserts de l'imagination.

Je suis avec beaucoup d'estime, etc.

B. FRANKLIN.

P. S. J'ai ouï dire que les chimistes pouvoient décomposer le bois et la pierre, et qu'ils tiroient de l'un une grande quantité d'air, et de l'autre une grande quantité d'eau. De là il est naturel de conclure que l'air et l'eau entrent dans la composition originale de ces substances ; car l'homme n'a le pouvoir de créer aucune espèce de matière. Ne pouvons-nous pas supposer aussi que quand nous consumons des combustibles, et qu'ils produisent la chaleur et la clarté, nous ne créons ni cette chaleur ni cette clarté ; mais nous décomposons seulement une substance, dans la formation de laquelle elles étoient entrées ?

La chaleur peut donc être considérée comme étant originairement dans un état de fluidité : mais attirée par les corps organisés, pendant leur croissance, elle en devient une partie solide. En outre, je conçois que dans la première agrégation des molécules, dont la terre est composée, chacune de ces molécules a porté avec elle sa chaleur naturelle, et quand toute la chaleur a été pressée ensemble, elle a formé sous la terre, le feu qui y existe actuellement.

PENSÉES

SUR

LE FLUIDE UNIVERSEL, etc.

Passy, le 25 juin 1784.

La vaste étendue de l'Univers paroît, dans tout ce que nous pouvons en découvrir, remplie d'un fluide subtil, dont le mouvement ou la vibration s'appelle *lumière*.

Ce fluide est, peut-être, le même que celui qui, attiré par une matière plus solide, la pénètre, la dilate, en sépare les parties constitutives, en rend quelques-unes fluides, et maintient la fluidité de quelques autres. Quand nos corps sont totalement privés de ce fluide, on dit qu'ils sont gelés. Quand ils en ont une quantité nécessaire, ils sont dans un état de santé, et propres à remplir toutes leurs fonctions: il est alors appelé *chaleur na-*

turelle. Lorsqu'il est en très-grande quantité, on le nomme *fièvre.* S'il en entre beaucoup trop dans le corps, il sépare, brûle, détruit les chairs, et est appelé *feu.*

Tandis qu'un corps organisé, soit animal, soit végétal, augmente en croissance ou remplace ce qu'il perd continuellement, n'est-ce pas en attirant et en consolidant ce fluide, appelé *feu*, de manière à en former une partie de sa substance ? Et n'est-ce point la séparation des parties de cette substance, c'est-à-dire la dissolution de son état solide, qui met ce fluide subtil en liberté, quand il reparoît comme feu ?

Le pouvoir de l'homme, relativement à ce fluide, se borne à le diviser, à en mêler les diverses espèces, ou à changer sa forme et ses apparences, par les différentes manières dont il le compose. Mais il ne peut ni créer une nouvelle matière, ni anéantir celle qui existe. Or, si le feu est un élément, ou une sorte de matière, la quantité qu'il y en a dans l'univers, est fixée et doit y rester. Il ne nous est possible ni d'en détruire la moindre partie, ni d'y faire la moindre addition. Nous pouvons seulement le séparer de ce qui le contient, et le mettre en liberté, comme par exemple, quand nous brûlons du bois; ou le faire passer d'un corps solide dans l'autre, comme lorsque nous fesons de la chaux, en brûlant de la pierre; parce qu'alors la pierre conserve une partie du feu, qui sort du bois. Lorsque ce fluide est en liberté, ne peut-il pas pénétrer dans tous les corps, soit organisés, soit non organisés, abandonner totalement ces derniers, et quitter en partie les autres, tandis qu'il faut qu'il y en reste une certaine quantité jusqu'à ce que le corps soit dissous?

N'est-ce pas ce fluide qui sépare les parties de l'air et leur permet de se rapprocher, ou les écarte davantage, à proportion de ce que sa quantité est diminuée ou augmentée? N'est-ce pas parce que les parties de l'air ont plus de gravité, qu'elles forcent les parties de ce fluide à s'élever avec les matières auxquelles il est attaché, comme la fumée ou la vapeur?

N'a-t-il pas une grande affinité avec l'eau, puisqu'il quitte un corps solide pour s'unir avec elle, et s'élever en vapeur, laissant le solide, froid au toucher et à un degré qu'on peut mesurer par le thermomètre?

La vapeur attachée à ce fluide s'élève avec lui. Mais à une certaine hauteur, ils se séparent presqu'entièrement. La vapeur conserve très-peu de ce fluide quand elle retombe en pluie; et encore moins quand elle est en neige ou en grêle. Que devient alors ce fluide? S'élève-t-il au-dessus de notre atmosphère, et se mêle-t-il également avec la masse universelle de la même matière? ou une couche sphérique de cette matière, plus dense que l'air, ou moins mêlée avec lui, attirée par notre globe, et repoussée seulement jusqu'à une certaine hauteur par la pesanteur de l'air, enveloppe-t-elle t-elle la terre, et suit-elle son mouvement autour du soleil ?

En ce cas, comme il doit y avoir une communication continuelle de ce fluide avec la terre, n'est-ce pas par le mouvement qu'il reçoit du soleil, que nous sommes éclairés ? Ne se peut-il pas que chacune de ses infiniment petites vibrations, frappant la matière commune avec une certaine force, il en pénètre la substance, y est retenu par l'attraction, et augmenté par des vibrations nouvelles, jusqu'à ce que la matière en ait reçu toute la quantité qu'elle est susceptible de contenir ?

N'est-ce pas ainsi que la surface de ce globe est continuellement échauffée par les vibrations qui se répètent pendant le jour; et rafraîchie quand la nuit les fait cesser, ou que des nuages les interrompent ?

N'est-ce pas ainsi que le feu est amassé, et compose la plus grande partie de la substance des corps combustibles ?

Peut-être que quand notre globe fut

Tome II.   O

créé, et que ses parties constitutives prirent leur place à différens degrés de distance du centre, et proportionnément à leur plus ou moins de gravité, le fluide du feu attiré vers ce centre, pouvoit, comme très-léger, être en grande partie forcé de prendre place au-dessus du reste, et former ainsi l'enveloppe sphérique, dont nous avons parlé plus haut. Elle doit, ensuite, avoir été continuellement diminuée par la substance qu'elle a fournie aux corps organisés; mais en même-temps ses pertes se sont réparées, lorsque ces corps ont été brûlés ou détruits.

La chaleur naturelle des animaux n'est-elle pas produite, parce que la digestion sépare les parties des alimens et met leur feu en liberté?

N'est-ce pas la sphère du feu qui allume les globes errans qu'elle rencontre, lorsque la terre fait sa révolution autour du soleil, et qui après avoir enflammé leur surface, les fait crever aussitôt que l'air qu'ils contiennent est très-raréfié par la chaleur?

OBSERVATIONS
SUR LE RAPPORT FAIT PAR LE BUREAU
DU COMMERCE ET DES COLONIES,
POUR EMPÊCHER L'ÉTABLISSEMENT
DE LA PROVINCE DE L'OHIO (1).

Le premier paragraphe du rapport semble établir deux propositions comme faits; savoir :

La première, c'est que l'espace de

---

(1) En 1770, Benjamin Franklin, Thomas Walpole, banquier de Londres, John Sargent, Samuel Warton et quelques autres, présentèrent une pétition au roi d'Angleterre, pour obtenir la concession de terres sur les bords de l'Ohio, où ils vouloient établir une nouvelle province. Lord Halifax, qui étoit alors à la tête du bureau du commerce, approuvoit beaucoup ce projet. Mais lord Hillsborough, qui le remplaça, pensoit autrement; et lorsqu'en 1772, la pétition lui fut renvoyée, il fit un rapport pour la faire rejeter. Franklin écrivit les observations qu'on va lire, et le conseil du roi prononça en faveur des pétitionnaires. Lord Hillsborough en fut si piqué, qu'il donna sur-le-champ sa démission. (*Note du Traducteur*).

terre, spécifié avec les commissaires de la trésorerie, contient une partie de la province de Virginie.

La seconde, c'est qu'il s'étend à plusieurs milles à l'ouest de la chaîne des montagnes d'Allegany.

A l'égard de la première proposition, nous remarquerons seulement qu'aucune partie de cet espace de terre, n'est située à l'orient des montagnes d'Allegany, et que ces montagnes doivent être considérées comme les vraies limites occidentales de la Virginie; car le roi n'avoit aucun droit sur le pays situé à l'ouest de ces montagnes, jusqu'en 1768, qu'il l'acheta des six Nations; et depuis cette époque, on ne l'a réuni, ni en totalité, ni en partie, à la province de Virginie.

Quant à la seconde proposition, nous observerons que les lords commissaires du commerce et des colonies, nous paroissent ne s'être pas moins trompés sur cet objet que sur le premier; car ils disent que l'espace de terre, dont il s'agit, s'étend à plusieurs degrés de longitude à l'ouest. La vérité est qu'il n'y a pas plus d'un degré et demi de longitude depuis la chaîne occidentale des montagnes d'Allegany, jusqu'à la rivière de l'Ohio.

D'après le second paragraphe du rapport des lords commissaires, il semble qu'ils craignent que les terres situées au sud-ouest des limites tracées sur la carte, soient réclamées par les Cherokées, comme leur pays de chasse, ou même que ce soit là que chassent les six Nations et leurs confédérés.

Les Cherokées n'ont aucun droit sur ce pays. C'est une opinion nouvelle, qui ne peut être défendue, et dont on n'a entendu parler qu'en 1764, lorsque M. Steward fut nommé inspecteur des colonies méridionales. Nous allons le démontrer par le rapport exact des faits ; et nous ferons voir, en même-temps, que le roi a un droit incontestable à la rive méridionale de l'Ohio, jusqu'à la rivière des Cherokées, par la cession qu'en ont faite les six Nations, dans le congrès qui a eu lieu au fort Stanwix, en novembre 1768. En un mot, le pays qui s'étend depuis le grand Kenhawa jusqu'à la rivière des Cherokées, n'a jamais été habité par les Cherokées, ni servi à leurs chasses. Il fut autrefois habité par les Schawanesses, et il leur appartint jusqu'au moment où les six Nations en firent la conquête.

M. Colden, qui est actuellement sous-gouverneur de New-York, et qui a écrit l'histoire des cinq Nations (1), observe que vers l'année 1664, les cinq Nations ayant été amplement pourvues par les Anglais, de fusils et de munitions, se livrèrent entièrement à leur génie belliqueux. Elles portèrent leurs armes depuis la Caroline méridionale jusqu'au nord de la Nouvelle-Angleterre, et depuis les bords du Mississipi, jusqu'à l'extrémité d'un pays, qui a douze cents milles de

---

(1). Les cinq Nations d'alors sont les mêmes que celles qu'on appelle les six Nations, depuis qu'elles se sont confédérées avec quelques autres peuplades. (*Note du Traducteur.*)

longueur du nord au sud, et six cents milles de largeur. Elles détruisirent toutes les peuplades qu'elles rencontrèrent, et sur lesquelles les Anglais n'ont conservé aucun renseignement.

En 1701, les cinq Nations mirent sous la protection des Anglais, tout le pays où elles chassoient, comme on le voit dans les annales des colonies, et comme cela est confirmé par un acte du 4 septembre 1726.

Le gouverneur Pownal, qui, il y a déjà plusieurs années, examina avec beaucoup de soin les droits des Indiens, et particulièrement de ceux qui formoient la confédération septentrionale, dit dans son livre intitulé : *de l'Administration des Colonies,* — « On peut prouver clai-
» rement que les cinq Nations ont droit
» de chasser sur les bords de l'Ohio,
» dans le pays de Ticûeksouchrondité
» et de Scaniaderiada, puisqu'elles en
» ont fait la conquête, en subjuguant les
» Schaöanaès, que nous appelons *De-*
» *lawares,* les *Twictwées* et les *Illi-*

« nois, et qu'elles le possédoient à la
« paix de Riswick, en 1697. »

M. Lewis Evans, qui connoît beaucoup
l'Amérique septentrionale, et qui, en
1755, a publié une carte des colonies du
centre, y a marqué le pays situé au sud-est
de l'Ohio, comme celui sur lequel chassent
les six Nations; et dans l'analyse de sa
carte, il s'exprime ainsi : — « Les Scha-
« wanesses, qui étoient autrefois une des
« plus puissantes nations de cette partie
« de l'Amérique, et dominoient depuis
« Kentucke jusqu'au sud-ouest du Mis-
« sissipi, ont été vaincus par les six Na-
« tions confédérées, qui, depuis ce mo-
« ment, sont restées maîtresses du pays.
« — Aucune nation, ajoute M. Evans,
« ne résista avec autant de courage et de
« fermeté que celle des Schawanesses ;
« et quoiqu'elle ait été quelque temps
« dispersée, elle s'est encore rassemblée
« sur les bords de l'Ohio, et y vit sous
« la domination des confédérés. »

Il y eut un congrès tenu en 1744, par
les représentans des provinces de Pen-

sylvanie, de Maryland et de Virginie, avec ceux des six Nations. Là, les commissaires de la Virginie, dans un discours qu'ils adressèrent aux Sachems et aux guerriers indiens, leur dirent : —
« Apprenez-nous de quelles nations vous
» avez conquis les terres, en Virginie;
» combien il y a de temps que vous
» avez fait ces conquêtes, et jusqu'où
» elles s'étendent. Et s'il y a sur les
» frontières de la Virginie, quelques
» terres que les six Nations aient droit
» de réclamer, nous nous empresserons
» de vous satisfaire. »

Alors, les six Nations répondirent d'une manière fière et décisive. — « Tout le
» monde sait que nous avons dompté les
» diverses nations qui vivoient sur les
» bords de la Susquehannah, du Cohon-
» goranto (1), et sur le revers des grandes
» montagnes de la Virginie. Les Conoy-
» uck-suck-roona, les Cock-now-was-
» roonan, les Tohoa-irough-roonan et
» les Connut-skin-ough-roonaw ont
» senti le pouvoir de nos armes. Ils font

(1) Le Potowmack

» maintenant partie de nos nations, et
» leurs terres sont à nous. — Nous savons
» très-bien que les Virginiens ont souvent
» dit que le roi d'Angleterre et les ha-
» bitans de cette colonie avoient soumis
» tous les Indiens qui y étoient. Cela
» n'est pas vrai. Nous avouons qu'ils ont
» vaincu les Sach-dagugh-ronaw, et
» qu'ils ont écarté les Tuskaroras (1).
» A ce titre, ils ont droit à la possession
» de quelque partie de la Virginie : mais
» c'est nous, qui avons soumis tous les
» peuples qui résidoient au-delà des mon-
» tagnes ; et si les Virginiens ont jamais
» un juste droit aux terres de ces peuples,
» il faut qu'ils le tiennent de nous. »

En l'année 1750, les Français arrê-
tèrent sur les bords de l'Ohio, quatre
marchands anglais, qui trafiquoient avec
les six Nations, les Schawanesses et les
Delawares. Ils les envoyèrent prisonniers
à Quebec, et de là en France.

En 1754, les Français prirent authen-

(1) Les premiers vivoient non loin de la rivière James, en Virginie, et les seconds sur les
bords de cette rivière.

tiquement possession de l'Ohio, et construisirent des forts à Venango, au confluent de l'Ohio et du Monongehela, et à l'embouchure de la rivière des Cherokées.

En 1755, l'Angleterre donna le commandement d'une armée au général Braddock, et l'envoya en Amérique pour chasser les Français des lieux qu'ils possédoient sur les montagnes d'Allegany et sur les bords de l'Ohio. A son arrivée à Alexandrie, ce général tint conseil avec les gouverneurs de la Virginie, du Maryland, de la Pensylvanie, de New-York et de la Baie de Massachusett; et comme ces officiers savoient très-bien que les terres réclamées par les Français, appartenoient aux six Nations, et non pas aux Cherokées, ni à aucune autre tribu d'Indiens, le général donna ordre à sir William Johnson, de rassembler les chefs des six Nations, et de leur rappeler la cession qu'ils avoient faite de ces terres au roi d'Angleterre en 1726, époque où ils avoient aussi mis sous la protection de ce prince tout leur pays de chasse, pour être défendu pour eux et pour leur usage.

Les instructions du général Braddock, contenant une reconnoissance très-claire du droit qu'avoient les six Nations sur les terres dont il s'agit ici, nous croyons devoir transcrire les mots qui les terminent. — « Il paroît que les Français
» ont de temps en temps employé la ruse
» et la violence (1), pour bâtir des forts
» sur les limites des terres dont nous
» avons fait mention ; ce qui est con-
» traire à tous les actes et traités qui y
» ont rapport. Ainsi, vous pouvez, en
» mon nom, assurer les six Nations que
» je suis envoyé par sa majesté britan-
» nique, pour détruire tous lesdits forts,
» en bâtir d'autres qui protégeront les-
» dites terres, et en garantiront la pos-
» session aux six Nations et à leurs
» héritiers et successeurs pour jamais,
» conformément à l'esprit de nos traités.
» J'inviterai donc les six Nations à
» prendre la hache, et à venir se mettre
» en possession de leurs propres terres. »

(1) C'est le délégué du gouvernement le plus injuste et le plus perfide de l'Europe, qui ose ainsi parler des Français ! (*Note du Traducteur.*)

Les négociations, qui ont eu lieu en 1755, entre les cours de France et d'Angleterre, prouvent évidemment que le général Braddock et les gouverneurs américains, n'étoient pas les seuls qui pensoient que c'étoit aux six Nations qu'appartenoit le pays qui s'étend sur les montagnes d'Allegany, sur les deux rives de l'Ohio, et jusqu'aux bords du Mississipi.

Nous allons rapporter une observation très-juste, qui se trouve dans un mémoire relatif aux prétentions de la France sur les terres des six Nations, et remis le 7 juin 1755, par les ministres du roi d'Angleterre au duc de Mirepoix. — « Quant à
» la réclamation faite par la France, de
» l'article XV du traité d'Utrecht, la
» cour de la Grande-Bretagne ne pense
» pas que la France soit fondée à s'au-
» toriser ni des expressions, ni de l'in-
» tention de ce traité.

» 1°. La cour de la Grande-Bretagne
» est convaincue que l'article XV est
» seulement relatif aux personnes des

» Sauvages, et non à leur pays. Les
» expressions du traité sont claires et
» précises. Elles disent que les cinq Na-
» tions, ou les cinq Cantons sont soumis
» à la Grande-Bretagne; ce qui, d'après
» tous les traités, doit se rapporter au
» pays, aussi bien qu'aux habitans. —
» La France l'a déjà reconnu de la ma-
» nière la plus solemnelle. — Elle a bien
» pesé l'importance de cet aveu, au
» moment où elle a signé le traité; et la
» Grande-Bretagne ne peut jamais l'ou-
» blier. — Le pays possédé par ces In-
» diens est très-bien connu, et ses limites
» ne sont pas incertaines, comme le
» porte le mémoire de la cour de France.
» Ces Indiens en sont entièrement les
» maîtres, et ils en font tout ce que
» d'autres propriétaires font dans tous
» les autres pays.

» 2°. Quelque chose que puisse allé-
» guer la France, en considérant ces
» contrées comme des dépendances du
» Canada, il est certain qu'elles ont
» appartenu et qu'elles appartiennent

» encore aux mêmes Indiens, qui n'y
» ont point renoncé, ni ne les ont aban-
» données aux Anglais; et par le quin-
» zième article du traité d'Utrecht, la
» France s'est engagée à ne point troubler
» ces Indiens (1).

» Malgré tout ce qui a été avancé
» dans cet article, la cour de la Grande-
» Bretagne ne peut avouer que la France
» ait le moindre titre à la possession de
» l'Ohio, et du territoire dont elle parle
» dans son mémoire (2).

» On n'allègue point et on ne peut
» pas, en cette occasion, alléguer la pos-
» session, puisque la France ne peut
» pas prétendre qu'avant ni depuis le
» traité d'Aix-la-Chapelle, elle y ait
» rien eu, excepté certains forts, qui ont
» été dernièrement bâtis sur les terres

(1) Nullo in posterum impedimento, aut mo-
lestiâ afficiant.

(2) Ce territoire est tout le pays qui s'étend
depuis les montagnes d'Allegany jusqu'à l'Ohio,
sur les deux rives de ce fleuve et jusqu'aux bords
du Mississipi.

» qui appartiennent évidemment aux
» cinq Nations, et qui ont été cédées
» par elles à la couronne de la Grande-
» Bretagne et à ses sujets, ainsi qu'on
» peut le démontrer par des traités et des
» actes de la plus grande authenticité.

» La cour de la Grande-Bretagne
» maintient que les cinq Nations des
» Iroquois, reconnues par la France,
» sont originairement, ou par droit de
» conquête, les légitimes propriétaires
» de la rivière de l'Ohio et de tout le
» pays mentionné dans son mémoire; et
» quant au territoire que ces Indiens ont
» cédé à la Grande-Bretagne, ce qui, il
» faut l'avouer, est la manière la plus
» juste et la plus légale de faire une ac-
» quisition de cette nature, elle le réclame,
» parce qu'il lui appartient, qu'elle le
» cultive depuis plus de vingt ans, et
» qu'elle y a fait divers établissemens
» depuis les sources mêmes de l'Ohio jus-
» qu'à Pichawillanès, dans le centre du
» pays, entre l'Ohio et le Wabache.

En 1755, les lords commissaires du commerce

commerce et des colonies, désirèrent de connoître précisément le territoire des six Nations. En conséquence, ils engagèrent le docteur Mitchel à publier une carte générale de l'Amérique septentrionale. M. Pownal, qui est encore secrétaire du bureau du commerce et des colonies, certifia que ce bureau avoit fourni au docteur Mitchel, tous les documens nécessaires à ce sujet; et le docteur observe lui-même sur sa carte : —
« Que depuis l'année 1672, les six Na-
» tions ont toujours étendu leur terri-
» toire, quand elles ont soumis et incor-
» poré parmi elles les anciens Schawa-
» nesses, premiers possesseurs de ces
» contrées et de la rivière de l'Ohio. En
» outre, les six Nations réclament un
» droit de conquête sur les Illinois et sur
» toute l'étendue du Mississipi. Cela est
» confirmé, puisqu'en 1742, elles possé-
» doient tout ce qui leur est désigné sur
» cette carte, et que personne n'a jamais
» prétendu le leur disputer. »

Pour mieux démontrer encore le droit

Tome II.   P

qu'ont les six Nations à la possession du pays situé sur les bords de l'Ohio, et dont le ministère anglais fait mention dans le mémoire remis au duc de Mirepoix, en 1755, nous observerons que les six Nations, les Schawanesses et les Delawares, occupoient le territoire au midi du grand Kenhawa, même après que les Français eurent formé quelques établissemens sur les bords de l'Ohio; et qu'en 1752, ces tribus avoient un grand village sur les bords de la rivière de Kentucke, à deux cent trente-huit milles au-dessous du Sioto.—En 1754, elles habitoient et chassoient au sud de l'Ohio, dans le pays-bas et à environ trois cent vingt milles au-dessous du grand Kenhawa.— En 1755, elles avoient aussi un grand village, vis-à-vis de l'embouchure du Sioto, précisément dans le même endroit qui doit être la frontière méridionale des terres, que demandent M. Walpole et ses associés.

Il est un fait certain : c'est que les Cherokées n'ont jamais eu ni villages, ni établissemens dans le pays qui est au sud du grand Kenhawa; qu'ils n'y chassent point; et que les six Nations, les Schawanesses et les Delawares ne résident et ne chassent *plus* au sud de l'Ohio, ni ne le fesoient *plus*, quelques années avant d'avoir vendu le pays au roi. Ce sont des faits qu'on peut clairement et aisément prouver.

Au mois d'octobre 1768, les Anglais tinrent un congrès avec les six Nations, au fort Stanwix. Voici ce que dit l'orateur indien à sir William Johnson. — « Frère, toi qui connois toutes les af-
» faires, tu dois savoir que nos droits
» vont très-loin au midi du grand Ken-
» hawa, et que nous sommes très-bien
» fondés à nous étendre du même côté
» jusqu'à la rivière de Cherokée; pré-
» tention que nous ne pouvons céder
» à aucune autre nation Indienne, sans
» nuire à notre postérité, et outrager
» les guerriers qui ont combattu pour
» la conquérir. — Nous espérons donc
» que notre droit sera respecté. »

En novembre 1768, les six Nations vendirent au roi d'Angleterre, tout le pays qui s'étend de la rive méridionale de l'Ohio, jusqu'à la rivière de Cherokée. Mais malgré cette vente, aussitôt qu'on apprit en Virginie que le gouvernement favorisoit les prétentions des Cherokées, et qu'on eut vu de retour le docteur Walker et le colonel Lewis, que cette province avoit envoyés au congrès du fort Stanvix, lord Bottetourt chargea ces deux commissaires de se rendre à Charles-Town, dans la Caroline méridionale, pour essayer de convaincre M. Stuart (1) de la nécessité d'étendre la ligne de démarcation qu'il avoit tracée, d'accord avec les Cherokées, et l'engager à la porter depuis le grand Kenhawa jusqu'à la rivière d'Holston.

Ces deux commissaires furent choisis par lord Bottetourt, parce qu'ils s'étoient occupés depuis long-temps des affaires qui avoient rapport aux Indiens, et qu'ils

(1) Inspecteur-général des affaires indiennes dans la partie méridionale des colonies anglaises.

connoissoient parfaitement l'étendue du pays des Cherokées. Quand ils furent arrivés dans la Caroline méridionale, ils écrivirent à M. Stuart, relativement aux prétentions formées par les Cherokées, sur les terres au midi du grand Kenhawa. M. Stuart n'avoit été nommé que depuis très-peu d'années, à la place qu'il remplissoit alors, et d'après la nature de ses premières occupations, on ne devoit pas penser qu'il pût bien connoître le territoire des Cherokées. Voici ce qu'on trouve dans la lettre que lui adressèrent les commissaires virginiens.

Charles-Town, le 2 février, 1769.

« LES Cherokées n'ont jamais pré-
» tendu à la possession du pays situé au
» midi du grand Kenhawa. A présent,
» ce pays appartient à la couronne,
» puisque sir William Johnson l'a fort
» chèrement acheté des six Nations, et
» en a reçu l'acte de cession au fort
» Stanwix. »

En 1769, la chambre des citoyens

de la colonie de Virginie, représenta à lord Bottetourt : — « Qu'elle avoit la plus grande raison de craindre que si la ligne tracée pour servir de limites, étoit conservée, les Indiens et les autres ennemis de sa majesté, auroient sans cesse une entrée libre et facile jusque dans le cœur du pays de l'Ohio, de la rivière d'Holston et du grand Kenhawa; qu'alors les établissemens qu'on entreprendroit de faire dans ces contrées, seroient sans doute entièrement détruits; et que tout le pays (1) qui s'étend depuis l'embouchure du Kenhawa, jusqu'à celle de la rivière de Cherokée, et ensuite vers l'est jusqu'à la montagne du Laurier, pays si récemment cédé à sa majesté, et sur lequel aucune tribu d'Indiens ne formoit de prétentions, resteroit entièrement abandonné aux Cherokées; qu'en conséquence il pourroit y avoir à l'avenir, des récla-

(1) Il est au moins de huit cents milles de long.

» mations, totalement contraires aux
» vrais intérêts de sa majesté, et que
» les acquisitions qu'on regardoit, avec
» raison, comme les plus avantageuses
» de la dernière guerre, seroient tout-à-
» fait perdues. »

D'après les faits dont nous venons de faire l'exposition, il est évident :

1°. Que le pays situé au midi du grand Kenhawa, ou au moins, celui qui s'étend jusqu'à la rivière de Cherokée, appartenoit originairement aux Schawanesses.

2°. Qu'en subjuguant les Schawanesses, les six Nations devinrent les vrais propriétaires de ce pays.

3°. Qu'en conséquence de la cession que les six Nations en ont faite au roi d'Angleterre, dans le congrès tenu, en 1768, au fort Stanwix, ce pays appartient à présent légitimement aux Anglais.

4°. Que les Cherokées n'ont jamais résidé ni chassé dans ce pays, et qu'ils n'y ont aucune espèce de droit.

5°. Que la chambre des citoyens de la colonie de Virginie a été très-fondée à affirmer que les Cherokées, dont les Virginiens connoissent les possessions, parce qu'ils en sont voisins, n'ont aucun droit sur le territoire qui est au sud du grand Kenhawa.

6°. Enfin, que ni les six Nations, ni les Schawanesses, ni les Delawares n'habitent ni ne chassent plus dans ce pays.

Ces considérations prouvent qu'en nous permettant d'établir toutes les terres, comprises dans notre contrat avec les lords commissaires de la trésorerie, le conseil privé ne nuira ni au service de sa majesté, ni à la confédération des six Nations, ni même aux Cherokées.

Mais, si depuis le congrès du fort Stanwix, où les six Nations ont cédé au roi le pays que nous demandons, il y a eu quelque traité par lequel la couronne a promis aux six Nations et aux Cherokées de ne point former d'établissemens au-delà de la ligne marquée sur la carte jointe au rapport du bureau du commerce et des colonies, quoique les lords commissaires aient reconnu que les six Nations avoient cédé la propriété de ces terres à sa majesté ; si, disons-nous, il existe un tel traité, nous nous flattons que les lords commissaires ne feront plus aucune objection, en voyant spécialement inséré dans l'acte de concession, qu'il nous sera défendu d'établir aucune partie du pays, sans en avoir préalablement obtenu la permission de sa majesté, et l'agrément des Cherokées, des six Nations et de leurs confédérés.

Il est dit dans le troisième paragraphe du rapport des lords commissaires, — « Que le principe du bureau du commerce
» et des colonies étoit qu'après le traité
» de Paris, on devoit rapprocher les li-
» mites occidentales des colonies de
» l'Amérique septentrionale, de manière
» que ces établissemens fussent entière-
» ment à la portée du commerce du
» royaume ». — Nous n'aurons point la hardiesse de contester ce qu'avancent les lords commissaires : mais nous croyons pouvoir observer que l'établissement du pays, qui s'étend sur les montagnes

d'Allegany et sur l'Ohio n'étoit point regardé, avant le traité de Paris, ni dans le temps de la proclamation royale, faite au mois d'octobre 1763, comme hors de la portée du commerce du royaume. Ce qui le prouve, c'est qu'en 1748, M. John Hanbury et un assez grand nombre d'autres anglais, présentèrent une pétition au roi, pour lui demander cinq cent mille acres de terre sur les montagnes d'Allegany, et sur les bords de l'Ohio; et les lords commissaires du commerce et des colonies, firent, à ce sujet, un rapport favorable au conseil-privé de sa majesté. Ils dirent : — « Que l'établissement
» du pays situé à l'occident des grandes
» montagnes, et centre des possessions
» anglaises dans ces contrées, seroit con-
» forme aux intérêts de sa majesté, et
» accroîtroit les avantages et la sûreté
» de la Virginie et des colonies voisines. »

Le 23 février 1748, les mêmes lords commissaires rapportèrent encore au conseil-privé : — « Qu'ils avoient pleinement
» exposé la grande utilité et l'avantage

» d'étendre nos établissemens au-delà
» des grandes montagnes; ce que le con-
» seil avoit approuvé. — Comme ces
» nouvelles propositions, ajoutent-ils,
» rendent probable qu'on établira une
» plus grande étendue de terrain, que
» ne l'annonçoient les premières, nous
» pensons qu'en accordant ce que de-
» mande la pétition, on se conformera
» aux intérêts du roi, et on assurera le
» bien-être de la Virginie. »

Le 16 mars 1748, le roi donna ordre au gouverneur de la Virginie, de concéder à M. Hanbury et à ses associés, cinq cent mille acres de terre sur les montagnes d'Allegany. Ces mêmes concessionnaires font aujourd'hui partie de la compagnie de M. Walpole. — L'ordre du roi portoit expressément : — « Ces éta-
» blissemens seront utiles à nos intérêts
» et augmenteront la sécurité de notre
» dite colonie, ainsi que les avantages
» des colonies voisines; — d'autant plus
» que nos chers sujets se trouvant par-
» là, à même de cultiver l'amitié des

» Indiens qui habitent ces contrées, et
» d'étendre leur commerce avec eux, de
» tels exemples peuvent exciter les co-
» lonies voisines à tourner leurs pensées
» vers des projets de la même nature. »

Il nous paroît évident que le bureau du commerce et des colonies, dans le temps que lord Halifax le présidoit, pensoit que les établissemens sur les montagnes d'Allegany, n'étoient point contraires aux intérêts du roi, ni assez éloignés des côtes de la mer, pour être — « Hors
» de la portée du commerce du royaume,
» et pour que son autorité et sa juri-
» diction ne pussent pas s'y exercer. »

Le rapport que nous examinons, donne à entendre que les deux principaux objets de la proclamation de 1763, étoient de ne pas porter les établissemens qu'on feroit à l'avenir, au-delà des sources des rivières qui coulent de l'ouest et du nord-ouest et se jettent dans la mer, ou, en d'autres termes, à l'est des montagnes d'Allegany; et de ne point créer d'autres gouvernemens que les trois qu'on venoit de former en Canada et dans les deux Florides (1). — Pour établir ce fait, les lords commissaires du commerce et des colonies, citent une partie de la proclamation.

Mais si l'on considère cette proclamation dans son entier, on trouvera qu'elle a pour but neuf objets principaux, savoir ;

1°. De déclarer aux sujets de sa majesté, qu'elle a établi en Amérique quatre gouvernemens distincts: celui de Quebec, celui de la Floride orientale, celui de la Floride occidentale et celui de la Grenade.

2°. De fixer les limites respectives de ces quatre nouveaux gouvernemens.

3°. De donner l'approbation royale à la conduite et à la bravoure des officiers et des soldats de l'armée du roi, et au petit nombre d'officiers de la marine, qui ont servi dans l'Amérique septentrionale, et de les récompenser par des concessions gratuites de terres à Quebec et dans les deux Florides.

(1) La Floride orientale et la Floride occidentale.

4°. D'empêcher les gouverneurs de Quebec et des deux Florides d'accorder des permissions d'arpenter, ou des patentes pour des terres au-delà des limites de leurs gouvernemens respectifs.

5°. De défendre aux gouverneurs des autres colonies ou plantations en Amérique, d'accorder des concessions de terres, au-delà des sources des rivières qui coulent de l'ouest et du nord-ouest, et tombent dans l'océan Atlantique, ou d'autres terres qui, n'ayant été cédées au roi ni achetées par lui, sont réservées aux Indiens.

6°. De réserver *pour le présent*, sous la protection et la souveraineté du roi, *pour l'usage desdits Indiens*, toutes les terres qui ne sont point comprises dans les limites des trois nouveaux gouvernemens, ou dans celle de la compagnie de la baie d'Hudson; ainsi que le pays situé à l'ouest des sources des rivières, qui coulent de l'ouest et du nord-ouest vers la mer; sa majesté défendant à ses sujets de faire des acquisitions sur lesdites terres, et d'en prendre possession, sans en avoir obtenu d'elle une permission expresse.

7°. De requérir toutes personnes qui ont fait des établissemens, sur les terrains que le roi n'a point achetés des Indiens, d'abandonner ces ét lissemens.

8°. De régler qu'à l'avenir on n'occupera des terres des Indiens que dans les contrées où sa majesté permet, par cette proclamation de faire des établissemens.

9°. De déclarer qu'il sera libre à tous les sujets de sa majesté, de faire le commerce avec les Indiens; et de prescrire la manière dont ce commerce doit être fait.

10°. Enfin, d'ordonner à tous les officiers militaires et à tous les inspecteurs des affaires concernant les Indiens, de faire saisir et arrêter toutes les personnes qui, accusées d'avoir commis quelque trahison ou quelque meurtre, et fuyant la justice, se seront réfugiées sur les terres des Indiens; et d'envoyer ces personnes dans la colonie où leur accusation aura eu lieu.

Il est certain qu'en parlant de l'établissement des trois nouveaux gouvernemens, fixant leurs limites respectives, récompensant les officiers et les soldats, réglant le commerce avec les Indiens, et ordonnant l'arrestation des criminels, cette proclamation avoit pour but de convaincre les Indiens, de la justice de sa majesté, et de la résolution où elle étoit, de prévenir toute cause raisonnable de mécontentement de leur part, en défendant de former des établissemens sur le territoire qui n'avoit point été cédé à sa majesté, ou acheté par elle; et en déclarant que sa royale volonté et son bon plaisir étoit, ainsi que nous l'avons déjà rapporté, « De réserver, *pour le présent*, sous
» sa protection et souveraineté, et *pour*
» *l'usage des Indiens*, toutes les terres
» situées à l'ouest des sources des ri-
» vières qui coulent de l'ouest et du
» nord-ouest vers l'océan Atlantique. »

Quels mots peuvent exprimer plus décidément l'intention royale? Ne signifient-ils pas explicitement que le territoire est
quelque

quelque temps réservé, sous la protection de sa majesté, *pour l'usage des Indiens?* — Mais comme les Indiens ne fesoient point usage de ces terres, qui sont bornées à l'occident par la rive sud-est de l'Ohio, et qu'ils n'y résidoient pas, et n'y fesoient pas la chasse, ils consentirent volontiers à les vendre; et en conséquence, ils les vendirent au roi, en novembre 1768. Ce qui donna occasion à cette vente sera clairement expliqué dans nos observations sur la suite du rapport des lords commissaires du commerce et des colonies.

Il est naturel de croire que quant à l'établissement des terres comprises dans la vente dont nous venons de parler, l'effet de la proclamation n'a pas pu s'étendre au-delà de l'époque de cette vente. M. George Greenville (1), qui lorsque la proclamation parut, étoit l'un

___
(1) M. George Greenville étoit père du ministre actuel. Il fut premier lord de la trésorerie. Sa querelle avec Wilkes fit, dans le temps, beaucoup de bruit. (*Note du Traducteur.*)

Tome II.   Q

des ministres, reconnut toujours que le but de cette proclamation étoit rempli dès que le pays qu'elle désignoit avoit été acquis des Indiens.

Dans leur quatrième paragraphe, les lords commissaires du commerce et des plantations, donnent deux raisons pour engager sa majesté à traiter de nouveau avec les Indiens et à faire tracer une ligne de démarcation plus précise, plus certaine que celle qu'indiquoit la proclamation du mois d'octobre 1763. Voici ces raisons :

« 1°. C'est que la ligne désignée dans » la proclamation de 1763, manque de » précision.

» 2°. C'est qu'il faut considérer la » justice à l'égard de la propriété des » terres. »

Nous croyons avoir suffisamment démontré dans nos observations sur le troisième paragraphe du rapport que, pour ce qui concernoit les terres situées à l'ouest des montagnes d'Allegany, la proclamation n'avoit d'autre but que de

les réserver *quelque temps*, sous la protection de sa majesté, *pour l'usage des Indiens*. — Nous ajouterons que la ligne désignée dans la proclamation, ne pouvoit pas l'être d'une manière plus claire et plus précise, relativement à ces terres; car la proclamation porte : — « Que toutes
» les terres et territoires situés à l'oc-
» cident des sources des rivières qui
» coulent de l'ouest et du nord-ouest
» vers la mer, seront réservés sous la
» protection de sa majesté. »

Nous sommes loin de penser que sa majesté doive traiter de nouveau avec les Indiens, pour établir des limites plus précises et plus certaines, d'après la considération de la justice, relativement à la propriété des terres. La propriété de la moindre partie du territoire, dont nous parlons, ne peut être contestée.

Mais pour mieux faire entendre toutes les raisons pour lesquelles on veut engager sa majesté à traiter de nouveau avec les Indiens, pour tracer une ligne de démarcation plus précise et plus certaine que celle que désigne la proclamation du mois d'octobre 1763, nous prendrons la liberté d'exposer quelques faits.

En 1764, les ministres du roi désiroient d'obtenir un acte du parlement qui réglât le commerce avec les Indiens, et y mît un impôt, par le moyen duquel on auroit de quoi fournir aux salaires des surintendans, des commissaires, des interprètes, et à l'entretien des forts, dans le pays où l'on traitoit avec les Indiens. Pour éviter à l'avenir, de donner aux Indiens occasion de se plaindre de ce qu'on usurpoit leur pays de chasse, on résolut d'acheter d'eux, un vaste territoire, et de reculer, d'accord avec eux, la ligne des limites, bien au-delà de l'endroit où il n'étoit pas permis aux sujets de sa majesté de s'établir.

En conséquence, on donna, la même année, des ordres à sir William Johnson, pour qu'il convoquât les chefs des six Nations, et qu'il leur fît part du projet des ministres anglais. Sir William Johnson assembla en effet, dans sa maison, les députés des six Nations, le 2 mai 1765, et il leur tint ce discours :

FRÈRES,

« La dernière et la plus importante
» proposition que j'ai à vous commu-
» niquer, est relative à l'établissement
» des limites entre vous et les Anglais.
» Il y a quelque temps que j'envoyai
» un message à quelques-unes de vos
» nations, pour vous avertir que je vou-
» lois conférer avec vous à ce sujet. —
» Le roi, dont vous avez déjà éprouvé
» la clémence et la générosité, désirant
» de mettre fin à toutes les disputes entre
» ses sujets et vous, à l'occasion des
» terres, et d'être strictement juste en-
» vers vous, a formé le plan d'établir
» entre nos provinces et celles des In-
» diens, des limites qu'aucun homme
» blanc n'ose franchir; parce que c'est
» la plus sûre et la meilleure méthode
» de terminer les querelles, et de mettre
» vos propriétés à l'abri de toute invasion.

« L'intention du roi vous paroîtra,
» j'espère, si raisonnable, si juste, et
» si avantageuse pour vous et pour votre
» postérité, que je ne doute nullement
» que vous ne consentiez avec joie à
» voir établir une ligne de démarcation.
» Nous la tracerons, vous et moi, de
» la manière la plus avantageuse pour
» les hommes blancs et pour les Indiens,
» et telle qu'elle conviendra le mieux à
» l'étendue, à l'accroissement de chaque
» province, et aux gouverneurs, que je
» consulterai à cette occasion, aussitôt
» que j'aurai reçu les pouvoirs néces-
» saires pour cela. — Mais, en attendant,
» je désire savoir comment vous voulez
» étendre cette ligne, et ce que vous
» consentez de faire cordialement à cet
» égard, afin que cela me serve de règle.
» — Je dois aussi vous prévenir que quand
» cette affaire sera terminée, et qu'on
» verra que vous aurez eu égard à l'ac-
» croissement de notre population, et à
» la nécessité de nous céder des terres
» là où nous en avons besoin, vous re-

„ cevrez, pour prix de votre amitié, un
» présent très-considérable (1). »

Après avoir conféré quelque temps

(1) Le sir William Johnson, qui tint ce discours, joue un très-grand rôle dans l'histoire de l'Amérique septentrionale. Il connoissoit parfaitement le caractère des Sauvages ; et étoit parvenu à se faire donner, par eux, un territoire très-considérable. Voici un des traits qu'on m'a cités de lui, lorsque je voyageois dans les États-Unis. Les Sauvages prétendent qu'un véritable ami doit, s'il le peut, réaliser leurs songes. Johnson connoissant ce préjugé, et voulant tenter l'ambition d'un chef, qui étoit venu le voir, exposa à sa vue un habit d'écarlate galonné, et un beau sabre. Le Sauvage n'osa pas demander ces objets : mais le lendemain, il revint chez Johnson, et lui dit : « Frère, j'ai rêvé, cette nuit, que tu m'avois » donné ton habit rouge et ton beau sabre ». — « Tu les auras », répondit Johnson ; et il les lui donna sur-le-champ. — Au bout de quelque temps, le Sauvage ayant reparu, Johnson lui dit : — « Frère, j'ai rêvé que tu m'avois donné le pays » qui s'étend depuis telle rivière jusqu'à telle autre ». — « Il est à toi, répliqua le Sauvage. Mais mon » frère, ne rêvons plus ; car tes songes valent » mieux que les miens, et tu me ruinerois ». — (*Note du Traducteur.*)

entr'eux, les Sachems et les guerriers des six Nations, répondirent à sir William Johnson, qu'ils acceptoient la proposition des nouvelles limites; et sir William fit parvenir leur réponse au bureau des lords commissaires du commerce et des colonies.

Soit qu'il y eût un changement dans l'administration, qui avoit formé le projet d'obtenir un acte du parlement pour régler le commerce avec les Indiens, et pour reculer la ligne des limites, soit par quelqu'autre cause que nous ignorons, on ne s'en occupa plus jusqu'à la fin de l'année 1767. Alors, la négociation relative aux limites fut reprise.

Cependant, entre les années 1765 et 1768, beaucoup d'habitans de la Virginie, du Maryland et de la Pensylvanie, allèrent s'établir sur les montagnes; et les six Nations en furent si irritées, qu'en 1766, elles massacrèrent plusieurs de ces colons, et déclarèrent la guerre aux colonies du centre de l'Amérique septentrionale. Pour les appaiser et prévenir une calamité générale, on fit partir du fort Pitt, un détachement du quarante-deuxième régiment d'infanterie, avec ordre de ramener les Anglais qui s'étoient établis à la Crique de la Pierre-Rouge (1). — Mais les efforts et les menaces de ce détachement furent vaines, et il retourna au fort sans avoir pu exécuter ses ordres.

Les six Nations se plaignirent alors davantage de ce qu'on s'emparoit de leurs terres sur les montagnes. Le 7 décembre 1767, le général Gage écrivit à ce sujet au gouverneur de Pensylvanie, et lui manda : — « Vous êtes témoin du peu
» d'attention qu'on a fait aux diverses
» proclamations qui ont été publiées ;
» vous savez que le soin qu'on a pris,
» cet été, d'envoyer une partie de la gar-
» nison du fort Pitt, pour faire aban-
» donner les établissemens des monta-
» gnes, n'a presque servi de rien. Nous
» apprenons que les colons sont retournés
» à la Crique de la Pierre-Rouge et sur

(1) Redstone creek.

» les bords de la rivière de la Fraude (1),
» en plus grand nombre qu'auparavant. »

Le 5 janvier 1768, le gouverneur de la Pensylvanie envoya un message à l'assemblée générale de la province avec la lettre du général Gage. — Le 13 du même mois l'assemblée ayant délibéré sur les plaintes des Indiens, répondit au gouverneur. — « Pour faire cesser les causes
» du mécontentement des Indiens, et
» établir une paix durable entr'eux et
» les sujets de sa majesté, nous pensons
» qu'il est absolument nécessaire qu'on
» fixe promptement les limites, et qu'on
» les satisfasse pour la partie de leur
» territoire, qui se trouvera en-deçà de
» la ligne de démarcation. Par ce moyen,
» ils ne se plaindront plus qu'on envahit
» leurs propriétés, et les habitans de
» nos frontières auront assez de pays
» pour s'établir et pour chasser, sans se
» mêler avec ces peuples. »

Le 19 janvier 1768, M. Galloway, orateur de l'assemblée de Pensylvanie et

(1) Cheat river.

le comité de correspondance de cette assemblée, écrivirent à Richard Jackson et à Benjamin Franklin, agens de Pensylvanie à Londres, pour leur faire part des querelles des colons avec les Indiens. — « Les Indiens, disoient-ils, se plaignent » vivement du délai qu'on a mis à établir » les limites, et de ce que, quoiqu'ils » n'aient encore rien reçu pour les terres, » qu'ils sont convenus de céder à la cou- » ronne, les Anglais y forment chaque » jour de nouveaux établissemens. »

Au mois d'avril 1768, l'assemblée de Pensylvanie voyant qu'une guerre avec les Indiens devenoit presqu'inévitable, parce que ce peuple n'avoit pas vendu les terres des montagnes où l'on formoit des établissemens ; et croyant en outre qu'on recevroit bientôt des ordres d'Angleterre relativement aux limites, résolut d'employer la somme de mille livres sterlings en couvertures, etc. d'en faire présent aux Indiens de l'Ohio ; afin de modérer leur ressentiment jusqu'à ce que la cour prît d'autres mesures. Le gouverneur de Pensylvanie étant alors informé que George Croghan devoit bientôt faire un traité avec les Indiens, par l'ordre du général Gage et de sir William Johnson, envoya au fort Pitt, son secrétaire et une autre personne, en qualité de commissaires de la province, pour offrir aux Indiens le présent des Pensylvaniens.

Le 2 mai 1768, les députés des six Nations, qui s'étoient rendus au fort Pitt, tinrent le discours suivant :

FRÈRES,

« C'EST avec douleur que nous avons
» vu nos terres occupées par vous, sans
» notre consentement. Il y a long-temps
» que nous nous plaignons à vous de
» cette injustice, qui n'a point encore
» été redressée. Au contraire, vos éta-
» blissemens s'étendent dans notre pays.
» Quelques-uns se trouvent même di-
» rectement dans le chemin de guerre,
» qui conduit vers le pays de nos enne-
» mis ; et nous en sommes très-mécon-

» tens. — Frères, vous avez parmi vous
» des loix pour vous gouverner. Vous
» nous donneriez donc la plus forte
» preuve de la sincérité de votre amitié,
» si vous nous fesiez voir que vous faites
» sortir les gens de votre nation de
» dessus nos terres ; car nous pensons
» qu'ils auront assez le temps de s'y
» établir quand vous les aurez achetées
» et que le pays vous appartiendra. »

En réponse à ce discours, les commissaires de Pensylvanie informèrent les six Nations, que le gouverneur de la province avoit fait partir quatre personnes avec sa proclamation et l'acte de l'assemblée (qui déclaroit crime de félonie digne de mort sans bénéfice de clergé, l'occupation des terres des Indiens) pour ordonner à tous les habitans des montagnes situées dans les limites de la Pensylvanie, d'abandonner leurs établissemens : mais que cela avoit été inutile. — Ils dirent aussi que le gouverneur de la Virginie avoit non moins infructueusement fait une proclamation ; et que le général Gage n'avoit pas été plus heureux en envoyant deux fois des soldats pour forcer les colons à abandonner la Crique de la Pierre Rouge et les bords du Monongehela.

Aussitôt que M. Jackson et le docteur Franklin eurent reçu les instructions de l'assemblée générale de Pensylvanie, ils se rendirent chez le ministre chargé du département de l'Amérique, et lui représentèrent combien il étoit nécessaire et pressant de faire terminer l'affaire des limites. En conséquence, le gouvernement donna de nouveaux ordres à sir William Johnson.

Il est donc certain que la proclamation du mois d'octobre 1763, ne pouvoit pas, comme l'ont dit les lords commissaires du commerce et des colonies, signifier que la politique du royaume étoit de ne pas laisser former des établissemens sur les montagnes d'Allegany, après que le roi auroit acheté ce territoire, car la véritable raison, qu'on avoit de l'acheter, étoit d'éviter une rupture avec les Indiens, et de donner occasion aux sujets du roi de s'y établir légitimement et paisiblement.

Nous allons examiner dans nos observations sur le cinquième paragraphe du rapport des lords commissaires du commerce et des colonies, s'ils sont bien fondés à déclarer que l'établissement des terres dont il est question, ne peut être nullement avantageux au commerce du royaume. — « Les diverses propositions
» d'établir de nouvelles colonies dans l'in-
» térieur de l'Amérique, disent-ils, ont
» été, d'après l'extension des limites,
» soumises à la considération du gou-
» vernement, sur-tout lorsqu'il s'est agi
» de cette partie du pays, où sont situées
» les terres, dont on demande la con-
» cession ; et le danger d'accéder à de
» pareilles propositions, a paru si évi-
» dent, que les tentatives à cet égard
» ont toujours été infructueuses. »

Comme nous ignorons quelles étoient les propositions, dont parlent les lords commissaires, et d'après quel principe les tentatives à cet égard ont été infructueuses, il nous est impossible de juger si cela peut nous être appliqué.

Cependant nous savons qu'il y a eu en 1768 une proposition faite au gouvernement pour l'établissement d'une partie des terres en question. Cette proposition étoit du docteur Leé, de trente-deux Américains et de deux habitans de Londres. Ils prièrent le roi de leur accorder, gratis, deux millions cinq cent mille acres de terre sur les montagnes d'Allegany, en un ou plusieurs arpentages, entre le vingt-huitième et le quarante-deuxième degré de latitude, à condition de posséder ces terres douze ans, sans payer aucun cens, et ces douze ans ne devant commencer à courir que lorsque les deux millions cinq cent mille acres seroient arpentés. En outre, les concessionnaires ne devoient être obligés d'établir sur ces terres que deux mille familles, dans l'espace de douze ans.

Sûrement les lords commissaires ne prétendent pas que cette proposition ressemble à la nôtre, et puisse s'appliquer au au cas où nous nous trouvons. Ils ont dû, sur-tout, remarquer que le docteur Lée et ses associés n'offroient point, comme nous, d'acheter les terres, ou de payer le cens au roi, sans aucune déduction, ou enfin, de faire tous les frais nécessaires à l'établissement et à l'entretien du gouvernement civil du pays concédé.

Le sixième paragraphe des lords commissaires dit : — « Que tous les argumens
» contre l'établissement des terres,
» dans la partie du pays dont on de-
» mande la concession, sont rassemblés
» avec beaucoup de force et de préci-
» sion, dans des représentations faites à
» sa majesté, par les lords commissaires
» du commerce et des colonies, au mois
» de mars 1768. »

Pour bien faire connoître ce qui donna lieu à ces représentations, nous observerons que dès le premier octobre 1767, et durant tout le temps que lord Shelburne (1) fut secrétaire d'état au dépar-

(1) Il porte aujourd'hui le nom de marquis de Lansdown. (*Note du Traducteur.*)

Tome II. R

tement de l'Amérique méridionale, on conçut le projet d'établir aux frais de la couronne, trois nouveaux gouvernemens dans l'Amérique septentrionale ; savoir le premier au détroit, entre le lac Huron et le lac Erié, le second dans le pays des Illinois, et le troisième dans le bas du pays qu'arrose l'Ohio. Ce projet fut communiqué aux lords commissaires du commerce et des colonies, afin de savoir quelle étoit leur opinion à cet égard.

Nous avons tout uniment expliqué la cause des représentations, sur lesquelles insistent avec tant de force, les lords commissaires du commerce et des colonies, en disant qu'elles contiennent tous les argumens contre l'établissement des terres dont il est aujourd'hui question. A présent, nous exposerons les raisons qui nous font croire que ces représentations sont si loin de nous être contraires, qu'elles disent précisément qu'on doit permettre d'établir les terres que nous demandons.

Trois raisons principales sont énoncées dans les représentations. « Comme propres

» à faire sentir l'utilité des colonies dans
» le continent de l'Amérique septentrio-
» nale.

» La première, c'est qu'elles favorisent
» la pêche avantageuse qui se fait sur la
» côte du Nord.

» La deuxième, c'est qu'on y soigne
» la culture des bois de construction
» et autres matières qui peuvent servir
» à la marine, et qu'on les échange
» pour des marchandises des manufac-
» tures anglaises.

» La troisième, c'est qu'on y a toujours
» du merrein, du bois de charpente,
» des farines et d'autres choses nécessaires
» pour l'approvisionnement de nos éta-
» blissemens aux Antilles. »

Nous n'imaginons pas qu'il soit nécessaire de faire beaucoup d'observations
sur la première de ces raisons. Les provinces de New-Jersey, de Pensylvanie,
de Maryland, de Virginie et les colonies méridionales, n'ont point favorisé,
et, d'après leur situation et la nature
de leur commerce, ne favoriseront pas

plus la pêche que les établissemens que nous proposons de faire sur l'Ohio. Cependant, ces provinces sont utiles au royaume, soit à cause de la culture, soit à cause de l'exportation de différens articles; et nous osons croire que la colonie de l'Ohio aura le même avantage, si toutefois la production des marchandises d'entrepôt peut être regardée comme avantageuse.

Quant à la seconde et à la troisième raison des représentations, nous remarquerons qu'aucune des possessions anglaises dans l'Amérique septentrionale, n'exige moins d'encouragement que celle de l'Ohio, pour cultiver les matières propres à la construction des vaisseaux et à la marine, et pour approvisionner les Antilles, de bois et de comestibles.

1°. Les terres des bords de l'Ohio sont extrêmement fertiles; le climat y est tempéré. La vigne, les mûriers et les vers-à-soie, s'y trouvent par-tout. Le chanvre croît spontanément dans les vallées et dans le pays bas. Les mines de fer sont communes dans les montagnes; et nulle terre n'est plus propre que celle de ces contrées, à la culture du tabac, du lin et du coton.

2°. Le pays est bien arrosé par plusieurs rivières navigables, qui communiquent entr'elles; et par le moyen desquelles, et d'un transport par terre de quarante milles seulement, les productions des terres de l'Ohio, peuvent, même à présent, être envoyées au port d'Alexandrie (1), sur le Potomack, à meilleur marché qu'il n'en coûte pour transporter de Northampton à Londres, quelqu'espèce de marchandise que ce soit.

3°. Dans toutes les saisons, de grands bateaux semblables aux barges de l'ouest de l'Angleterre, peuvent naviguer sur l'Ohio, et il ne faut que quatre ou cinq hommes pour les conduire. Depuis le mois de janvier jusqu'au mois d'avril, il est aisé de bâtir de grands vaisseaux sur cette rivière, et de les envoyer en Angleterre, chargés de fer, de chanvre, de lin et de soie.

(1) C'est-là que les troupes du général Braddock débarquèrent lorsqu'elles passèrent en Amérique.

4°. La farine, le bled, le bœuf salé, les planches pour le bordage des vaisseaux et beaucoup d'autres marchandises, peuvent être envoyées sur l'Ohio jusqu'à la Floride occidentale, et de là aux Antilles, à meilleur marché et mieux conservées que celles qu'on expédie de New-York et de Philadelphie.

5°. Le chanvre, le tabac, le fer, et les autres articles qui tiennent beaucoup de place, peuvent également être envoyés sur l'Ohio jusqu'à la mer, à plus de cinquante pour cent meilleur marché que ne coûte leur transport par terre, dans l'espace de soixante milles, en Pensylvanie, où les charrois sont pourtant moins chers que dans aucune autre province de l'Amérique septentrionale.

6°. Les frais de transport des marchandises anglaises, depuis la mer jusqu'aux établissemens que nous voulons former sur l'Ohio, ne seront pas aussi considérables que ce qu'on paie et qu'on paiera toujours pour conduire les mêmes marchandises, dans une grande partie de la Pensylvanie, de la Virginie et du Maryland.

D'après l'exposition de ces faits, nous espérons qu'on verra clairement que les terres, dont nous demandons la concession, sont entièrement propres, par leur fertilité, leur situation et le peu de frais que coûtera le transport de leurs productions jusqu'en Angleterre, — « à faire » sentir l'utilité d'établir des colonies dans » le continent de l'Amérique septentrio- » nale ». — Mais pour éclaircir davantage ce point important, nous prendrons la liberté de faire encore quelques observations.

Les lords commissaires du commerce et des colonies, ne nient point, mais, au contraire, ils avouent que le climat et le sol de l'Ohio, sont aussi favorables que nous l'avons dit. — Quant aux vers-à-soie qui y viennent naturellement, il est certain qu'au mois d'août 1771, plus de 10,000 livres pesant de cocons, qui en provenoient, furent vendues à la filature publique de Philadelphie. Il est également sûr que la soie que produisent les vers de l'Ohio, est belle et très-estimée des Pensylvaniens.

Pour le chanvre, nous sommes prêts à prouver qu'il est d'une très-bonne qualité, et qu'il croît spontanément sur les bords de l'Ohio, ainsi que nous l'avons avancé. Qu'on considère donc que, par rapport au chanvre, l'Angleterre dépend chaque jour davantage de la Russie, et qu'on n'en a pas encore exporté des colonies américaines, situées sur le bord de la mer, parce que leur sol n'en produit pas aisément. Et, certes, alors on verra que cette dépendance peut avoir des conséquences graves pour la nation, et mérite toute l'attention du gouvernement. — La nature nous indique où nous pouvons recueillir promptement et facilement une grande quantité de chanvre ; et par ce moyen, non-seulement nous empêcherons, chaque année, des sommes considérables de sortir du royaume, mais nous emploierons nos propres sujets avec beaucoup d'avantage, et nous les paierons avec des marchandises de nos manufactures.— Voici, en abrégé, l'état du commerce de Russie.

Depuis l'année 1722 jusqu'en 1731, l'Angleterre envoya annuellement 250 vaisseaux chercher du chanvre à Petersbourg, à Narva, à Riga et à Archangel. . . . . 250 vais.
Et depuis 1762 jusqu'en 1771,
500 vaisseaux. 500
Accroissement. . . . . 250 vais.

Il est donc évident que dans les dix dernières années, le commerce russe a doublé. La sagesse, la politique de la nation européenne, qui entend le mieux le commerce et la navigation, lui permettent-elles d'avoir sans cesse besoin des étrangers pour se procurer une marchandise dont dépend l'existence de sa navigation et de son commerce ? Non, assurément; et sur-tout quand Dieu nous a accordé la propriété d'un pays produisant naturellement cette même marchandise qui nous fait débourser notre argent, en nous mettant à la merci de la Russie.

Nous n'avons encore parlé que des petits frais de transport entre le Potomack et l'Ohio. Maintenant nous allons essayer de montrer combien les lords commissaires du commerce et des colonies se sont trompés, en disant, dans le cinquième paragraphe de leur rapport : « Que l'An» gleterre ne pouvoit avoir aucune re» lation avantageuse avec les terres en » question ». — Pour qu'on se forme une opinion juste à cet égard, nous donnerons un état de ce qu'étoient les frais de charroi, même durant la dernière guerre avec la France, et lorsqu'il n'y avoit point de retour de l'Ohio à Alexandrie. On verra que ces frais ne s'élevoient alors qu'à un demi-sou anglais, par livre pesant ; et nous le démontrerons de la manière la plus certaine.

	par quintal.
D'Alexandrie au fort Cumberland, par eau..	» 1 s. 7 d.
Du fort Cumberland à la Crique de la Pierre-Rouge, à 14 piastres par voiture, portant 1500 livres pesant	» 4 »
	» 5 9(1).

(1) La distance étoit alors de soixante-dix milles ;

Si l'on considère que ce prix de charroi étoit établi en temps de guerre, et lorsqu'il n'y avoit point d'habitans sur l'Ohio, nous ne doutons point que tout homme intelligent ne conçoive qu'il est aujourd'hui beaucoup moindre que ce qu'on paie journellement à Londres, pour le transport des grosses étoffes de laine, de la quincaillerie et des ustensiles de fer qu'on y envoie de plusieurs comtés d'Angleterre.

Voici ce que coûtent les charrois de Birmingham et de quelques autres villes jusqu'à Londres.

De Birmingham.............. 4*s* par quintal.
De Walsall dans le Staffordshire. 5
De Sheffield................. 8
De Warrington............. 7

Si, comme le prétendent les lords commissaires du commerce et des colonies, les terres de l'Ohio ne peuvent être d'aucun avantage au commerce du royaume,

mais par une route nouvellement faite, elle n'est que de quarante milles ; et l'on épargne plus de la moitié des 5*s* 9*d*.

nous ne devinons pas ce qui doit, à leurs yeux, être avantageux à ce commerce. — Les colons établis sur les montagnes d'Allegany, sur les bords de l'Ohio et dans le nouveau comté de Bedford dans la province de Pensylvanie, sont tous vêtus d'étoffes anglaises. Eh bien, le pays qu'ils habitent n'est-il donc d'aucun avantage au commerce du royaume? — Les marchands de Londres sont maintenant occupés à faire embarquer des marchandises de fabrique anglaise pour les colons des terres de l'Ohio : cette exportation paroît-elle aussi aux lords commissaires n'être d'aucun avantage pour le commerce du royaume.

En un mot, d'après les principes des lords commissaires, les relations avec le royaume doivent être avantageuses si les colons sont établis à l'orient des montagnes d'Allegany. Mais, quoi! le charroi d'environ soixante-dix milles, à partir des montagnes de l'Ohio, charroi dont les frais n'augmenteront pas le prix des étoffes les plus grossières de plus d'un demi-sou anglais par aune (1), changera-t-il donc l'état du commerce relativement aux colons de ces contrées ? Sera-t-il, comme l'avancent les lords commissaires, « sans aucun avantage » pour ce royaume ? » — Les pauvres Indiens de l'Amérique septentrionale, qui habitent les parties les plus éloignées des côtes, et qui n'ont rien que ce qu'ils prennent à la chasse, sont pourtant en état de payer les toiles, les étoffes de laine, les ustensiles de fer, que leur fournissent les marchands anglais, en employant toute la fraude et les ruses que la friponnerie peut inventer pour enchérir ces marchandises. Ainsi, des cultivateurs industrieux, qui pourront livrer du chanvre, du lin, de la soie, auront bien plus de facilité à payer ce qu'on leur portera par la voie d'un commerce loyal, sur-tout quand on se rappelera qu'il ne leur sera permis d'avoir de débouché

(1) Le demi-sou anglais vaut un sou tournois. L'aune anglaise n'a qu'environ 33 pouces. (*Note du Traducteur.*)

pour les productions de leurs terres, que dans le royaume. — Si les productions de ce pays sont envoyées dans le royaume, les marchandises anglaises n'iront-elles pas en retour dans ce pays, et particulièrement dans l'endroit d'où sortira le chanvre?

Nous n'examinons point si la Nouvelle-Écosse et les deux Florides ont procuré à l'Angleterre des bénéfices proportionnés aux sommes énormes, qu'il en a coûté pour les établir et les conserver, ni si l'on a droit d'en espérer les avantages que promirent les lords commissaires du commerce et des colonies, dans le rapport qu'il firent en 1768. — Nous croyons qu'il nous suffit de dire que ces principaux Pensylvaniens dont parle le rapport, et — « qui ont présenté leurs » noms et leur association au conseil de » sa majesté, dans l'intention de faire des » établissemens à la Nouvelle-Écosse, » — ont été convaincus, depuis plusieurs années, de l'impossibilité d'engager des habitans à quitter les colonies du centre, pour aller s'établir dans cette province;

et même que ceux, à qui on avoit persuadé d'y aller, sont, pour la plupart, retournés chez eux, en se plaignant beaucoup de la dureté et de la longueur des hivers.

Quant aux deux autres provinces, nous sommes persuadés qu'il est moralement impossible que les habitans des contrées, situées entre les trente-septième et le quarantième degré de latitude nord, dont le climat est tempéré et où il y a encore beaucoup de terres inoccupées, se déterminent à aller s'établir dans les provinces brûlantes et mal-saines des deux Florides. Il seroit tout aussi aisé d'engager les habitans de Montpellier à quitter leur climat pour les parties septentrionales de la Russie, ou pour les bords du Sénégal. Enfin, les inspirations de la nature, et l'expérience de tous les âges prouvent qu'un peuple né et vivant dans un climat tempéré, et dans le voisinage d'un pays riche, sain et bien cultivé, ne peut point être forcé à traverser plusieurs centaines de milles pour se rendre dans un *port de mer*, faire un voyage *par mer*, et s'établir dans des latitudes excessivement froides ou excessivement chaudes.

Si le comté d'York, en Angleterre, n'étoit ni cultivé, ni habité, et que les habitans, qui sont encore plus au sud de l'île, manquassent de terres, se laisseroient-ils conduire dans le nord de l'Écosse ? Ne voudroient-ils pas plutôt, en dépit de toutes les oppositions, s'établir dans le fertile comté d'York ?

Voilà ce que nous nous sommes crus dans l'obligation de remarquer à l'égard des principes généraux que contient le rapport de 1768. — Nous espérons avoir suffisamment démontré que les argumens, dont on y fait usage, ne peuvent être d'aucun poids contre notre pétition ; et qu'ils ne doivent s'appliquer comme l'exprime le rapport, « qu'aux colonies, » qu'on propose d'établir aux frais du » royaume, et à la distance de plus de » quinze cents milles de la mer, où les » habitans étant dans l'impossibilité de » fournir de quoi payer les marchandises
» de

» de la Grande-Bretagne, seroient pro-
» bablement réduits à en fabriquer eux-
» mêmes, et resteroient séparés des an-
» ciennes colonies par d'immenses dé-
» serts. »

Il ne nous reste maintenant qu'à demander si, en 1768, l'intention des lords commissaires du commerce et des colonies étoit que le territoire, qui devoit être renfermé dans les limites, qu'on traça cette année, d'accord avec les Indiens, restât un désert inutile, ou fût établi par les sujets de l'Angleterre ? — Le rapport, que les lords actuels disent contenir tous les argumens contre cet établissement, nous fournit lui-même une ample et satisfaisante réponse à cette question.

En 1768, les lords commissaires après avoir énoncé leur opinion contre les trois nouveaux gouvernemens proposés, s'expriment en ces termes : — « Nous sommes
» contraires à ces gouvernemens, parce
» qu'il faut encourager l'établissement
» d'une immense étendue de côtes, jus-
» qu'à présent inoccupée. Comme les ha-

» bitans des colonies du centre auront,
» d'après les nouvelles limites, la liberté
» de s'étendre graduellement dans l'in-
» térieur du pays, ces côtes rempliront
» le but d'augmenter la population et la
» consommation, bien plus efficacement
» et plus avantageusement que l'établis-
» sement des gouvernemens nouveaux.
» L'extension graduelle des établisse-
» mens sur le même territoire étant pro-
» portionnée à la population, entretient
» les rapports d'un commerce avanta-
» geux entre la Grande-Bretagne et ses
» possessions les plus éloignées ; rapports
» qui ne peuvent exister dans des co-
» lonies séparées par des déserts im-
» menses. »

Peut-il y avoir une opinion plus claire, plus concluante, en faveur de la proposition que nous avons humblement soumise au conseil de sa majesté ? — Les lords commissaires de 1768, ne disent-ils pas positivement que les habitans des colonies du centre auront la liberté de s'étendre graduellement dans l'intérieur du

pays? — N'est-il donc pas bien extraordinaire qu'après deux ans de délibération, les lords commissaires actuels présentent aux lords du conseil privé un rapport, dans lequel se référant à celui de 1768, ils disent : *Que tous les argumens à ce sujet y ont été rassemblés avec beaucoup de force et de précision* ; et qu'ils ajoutent dans le même paragraphe qu'*ils doivent combattre cette opinion et conseiller au roi d'arrêter les progrès des établissemens dans l'intérieur du pays ?* — Ils disent encore, « Qu'on doit em-
» pêcher, autant qu'il est possible, ces
» établissemens éloignés ; et qu'il faut
» qu'une proclamation nouvelle annonce
» la résolution où est sa majesté, de ne
» point permettre à présent qu'on fasse
» de nouveaux établissemens au-delà
» des limites ; c'est-à-dire, au-delà des
» montagnes d'Allegany. »

Combien tout cela est étrange et contradictoire ! Mais nous nous dispenserons de l'examiner plus strictement, et nous terminerons nos observations sur cet article, en citant l'opinion qu'ont eue, à différentes époques, les lords commissaires du commerce et des colonies.

En 1748, les lords commissaires exprimèrent le plus vif désir d'encourager les établissemens sur les montagnes et sur les bords de l'Ohio.

En 1768, ils déclarèrent, relativement aux nouvelles limites pour lesquelles on négocioit alors, que les habitans des colonies du centre, auroient la liberté de s'étendre graduellement dans l'intérieur du pays.

En 1770, le comte d'Hillsborough (1), recommanda l'acquisition d'un territoire sur les montagnes, suffisant pour établir une nouvelle colonie, et il demanda aux lords commissaires de la trésorerie, s'ils étoient dans l'intention de traiter pour cet objet, avec M. Walpole et ses associés.

En 1772, le même comte d'Hillsborough et les autres lords commissaires du com-

(1) Premier lord commissaire du bureau du commerce et des colonies.

merce et des colonies, firent un rapport sur la pétition de M. Walpole et ses associés, et citèrent à leur appui, celui qu'avoit fait leur bureau, en 1768, comme contenant tous les argumens à ce sujet, rassemblés avec beaucoup de force et de précision. Ce rapport de 1768, annonçoit, ainsi que nous l'avons déjà dit, *que les habitans des colonies du centre auroient la liberté de s'étendre graduellement dans l'intérieur du pays*, c'est-à-dire, sur les terres dont nous demandons la concession. Mais, quoique les lords commissaires se soient autorisés d'une manière si positive de l'opinion qu'avoient leurs prédécesseurs, en 1768, ils ont en même-temps fait un rapport absolument contraire à cette opinion et à l'engagement qui en étoit la suite.

L'on demandera peut-être ce que signifie la phrase du rapport de 1768, qui dit que les habitans pourront *s'étendre graduellement dans l'intérieur du pays?* — Nous répondrons qu'elle a été écrite dans l'intention de combattre l'envie qu'on avoit d'établir trois nouveaux gouverneurs, et de disperser la population dans des contrées séparées. — En un mot, nous croyons qu'il est hors de doute, qu'en 1768, l'opinion *précise* des lords commissaires étoit que le territoire compris dans la ligne des limites, pour laquelle on étoit en négociation et qui ensuite a été tracée, suffisoit alors pour remplir le but qu'on avoit, d'augmenter la population et la consommation. Ces lords pensoient que jusqu'à ce que ce territoire fût entièrement peuplé, il n'étoit pas nécessaire d'établir les trois nouveaux gouvernemens proposés *aux frais du royaume*, dans des contrées qui sont, comme ils l'observent, séparées par d'immenses déserts.

Nous ne nous étendrons pas davantage sur le sixième paragraphe du rapport des lords commissaires du commerce et des colonies. Nous nous flattons d'avoir démontré que les habitans des provinces du centre de l'Amérique septentrionale ne peuvent être forcés à échanger le sol et le climat de ces provinces, ni pour les forêts glacées de la Nouvelle-Écosse et du Canada, ni pour les déserts brûlans et mal-sains des deux Florides.

Mais examinons maintenant ce qu'il arriveroit si l'on pouvoit contenir ces habitans dans un territoire resserré. Cela ne les empêcheroit-il pas de se livrer à l'inclination naturelle, qui les porte à cultiver la terre ? Ne seroient-ils pas en même-temps forcés d'établir des manufactures qui rivaliseroient celle de la mère-patrie ? — Les lords commissaires ont d'avance répondu, avec beaucoup de candeur à ces questions, dans le rapport fait en 1768. — « Nous admettons, disent » leurs seigneuries, comme un principe » incontestable de la vraie politique, » que pour prévenir l'établissement des » manufactures dans les colonies, il est » nécessaire d'ouvrir aux établissemens » un territoire étendu et proportionné à » l'accroissement de la population ; parce » que lorsque beaucoup d'habitans sont » renfermés dans d'étroites limites, et

» n'ont pas assez de terre à cultiver, ils
» sont forcés de porter leurs vues et leur
» industrie vers les manufactures ». —
Mais ces lords observent en même-temps :
— « Que l'encouragement donné aux co-
» lonies voisines de la mer, et l'effet
» qu'a eu cet encouragement, ont effi-
» cacement pourvu à cet objet ». Cependant, ils ne désignent pas les parties de l'Amérique septentrionale où l'on a pourvu à l'objet de la population. S'ils ont cru qu'il suffisoit pour cela d'avoir formé l'établissement des gouvernemens de Quebec, de la Nouvelle-Écosse, de l'île de Saint-Jean de Terre-Neuve, et des deux Florides, nous oserons dire qu'ils se sont trompés. Il est une vérité incontestable, c'est que bien que dans les colonies du centre il y ait au moins un million d'habitans, nul d'entr'eux n'a émigré pour aller s'établir dans ces nouvelles provinces. Par cette même raison, et d'après les motifs ordinaires, qui engagent à former des colonies, nous affirmons que personne n'aura envie de

quitter le climat salubre et tempéré de la Virginie, du Maryland, de la Pensylvanie, pour aller s'exposer au froid excessif du Canada et de la Nouvelle-Écosse ou aux chaleurs des deux Florides. — D'ailleurs, le gouvernement n'a pas le pouvoir de faire des avantages qui puissent compenser la perte des amis et des voisins, la nécessité de rompre des liens de famille, et l'abandon d'un sol et d'un climat infiniment supérieurs à ceux du Canada, de la Nouvelle-Écosse et des deux Florides.

L'accroissement de population des provinces du centre est sans exemple. Les habitans ont déjà commencé à établir quelques manufactures. Or, n'y-t-il pas lieu de croire qu'ils seront forcés de porter presque toute leur attention vers ce dernier objet, si l'on les retient dans les étroites limites où ils sont? Eh! comment peut-on empêcher qu'ils ne deviennent manufacturiers, si ce n'est, comme l'ont justement observé les lords commissaires, en leur donnant une étendue de territoire

proportionnée à l'accroissement de leur population? — Mais où trouvera-t-on un territoire convenable pour une nouvelle colonie d'habitans des provinces du centre? — Où? — Dans le pays même, où les lords commissaires ont dit que les habitans de ces provinces auroient la liberté de s'établir; pays que le roi a acheté des six Nations; pays où des milliers de ses sujets sont déjà établis; pays, enfin, où les lords commissaires ont reconnu que : — « l'extension graduelle des établis-
» semens sur le même territoire, étant
» proportionnée à la population, pou-
» voit entretenir les rapports d'un com-
» merce avantageux entre la Grande-
» Bretagne et ses possessions les plus
» éloignées. »

Le septième paragraphe du rapport parle de l'extrait d'une lettre du commandant en chef des forces anglaises en Amérique, extrait que le comte d'Hillsborough a présenté aux lords commissaires du commerce et des colonies. Mais leurs seigneuries ne font mention ni du nom du commandant, ni du temps où il a écrit sa lettre, ni de ce qui l'a engagé à communiquer son opinion sur l'établissement des colonies dans des pays éloignés. Toutefois, nous imaginons que le général Gage est l'auteur de la lettre, et qu'il l'écrivit vers l'année 1768, lorsque les lords commissaires du commerce et des colonies étoient occupés à examiner le plan des trois nouveaux gouverneurs, et avant qu'on eût fait l'acquisition des terres de l'Ohio et établi la ligne des limites avec les six Nations.

Certes, nous sommes persuadés que le général n'avoit alors en vue que les pays, qu'il appelle des contrées éloignées, c'est-à-dire, le détroit, le pays des Illinois, et le bas de l'Ohio; car il dit que « Ce » sont des pays étrangers, dont l'éloi- » gnement ne permet de tirer ni des » choses nécessaires à la marine anglaise, » ni des bois et des provisions pour les » îles à sucre ». — Il dit aussi, « Qu'en » formant des établissemens à une si » grande distance, le transport de la

« soie, du vin et des autres objets qu'ils
« produiroient, les rendroit probable-
« ment trop chers pour tous les marchés
« où l'on voudroit les vendre, et que les
« habitans n'auroient à donner que des
« fourrures en échanges des marchan-
« dises anglaises. »

Ce qui, selon nous, prouve que le général ne vouloit parler que des établissemens du détroit, du pays des Illinois et du bas de l'Ohio, et non du territoire, dont nous demandons la concession, c'est qu'il ajoute : — « Il n'est pas certain que
« l'établissement de ces contrées ne fût
« suivi d'une guerre avec les Indiens,
« et qu'il ne fallût combattre pour chaque
« pouce de terrain. »

Nous avouons franchement qu'il nous est impossible de concevoir pourquoi les lords commissaires du commerce et des plantations ont chargé leur rapport de l'opinion du général Gage sur ce qu'il appelle *l'établissement d'un pays étranger*, établissement qu'on ne pouvoit entreprendre sans être obligé de combattre pour chaque pouce de terrain. Nous ne concevons pas plus comment leurs seigneuries ont pu appliquer cette opinion à l'établissement d'un territoire acheté par le roi, depuis près de quatre ans, déjà habité par plusieurs milliers d'Anglais, et où, ainsi que nous le démontrerons dans la suite de ces observations, les Indiens même, qui vivent sur la rive septentrionale de l'Ohio, ont demandé qu'on se hâtât d'établir un gouvernement.

Le huitième paragraphe du rapport qui nous concerne, vante beaucoup l'exactitude et la précision de celui de 1768. Or, ce dernier disoit, ainsi que nous l'avons déjà observé, que les habitans des colonies du centre auroient la liberté de s'établir sur les montagnes et sur les bords de l'Ohio. — Les lords commissaires font aussi un grand éloge de la lettre du commandant en chef, et citent l'opinion de M. Wright, gouverneur de la Georgie, au sujet des grandes concessions de terrain dans l'intérieur de l'Amérique.

Nous aurions désiré qu'en parlant de

l'opinion de ce dernier, on nous eût dit dans quel temps sa lettre fut écrite ; s'il connoissoit alors la situation du pays des montagnes, les dispositions des habitans des colonies du centre, la douceur du climat des bords de l'Ohio, la fécondité du sol, le voisinage du Potomack, et la facilité de tirer de ce pays de la soie, du lin, du chanvre, et beaucoup d'autres objets, pour les envoyer en Angleterre. — Instruits de ces faits, nous aurions jugé si, en effet, les connoissances et l'expérience du gouverneur Wright relativement aux colonies, doivent, ainsi que l'avancent les lords commissaires, donner dans cette circonstance un grand poids à son opinion.

Ce que pense le gouverneur Wright nous semble devoir se réduire aux propositions suivantes.

1°. Que si l'on concède un vaste territoire à une compagnie, qui désire de le peupler et s'en occupe réellement, on fera sortir d'Angleterre beaucoup d'habitans.

2°. Que cette colonie formera une espèce d'état séparé et indépendant, qui voudra se régir lui-même, avoir des manufactures chez lui, et ne recevoir des provisions ni de la mère-patrie, ni des provinces dans le voisinage desquelles il se trouvera établi ; et que comme il sera très-loin du centre du gouvernement, des tribunaux et des magistrats, et conséquemment affranchi de l'inspection des loix, il deviendra bientôt un receptacle de brigands.

3°. Qu'il faudroit que les habitans fussent très-nombreux dans le voisinage de la mer, et que le terrain y fût bien cultivé et amélioré.

4°. Que les idées du gouverneur Wright ne sont point chimériques ; qu'il connoît *un peu* la situation et l'état des choses en Amérique, et que d'après quelques petits exemples, il se figure aisément ce qui peut et doit certainement arriver si l'on ne le prévient à temps (1).

(1) Franklin a combattu avec beaucoup d'adresse l'opinion du gouverneur Wright : mais la révolution d'Amérique a prouvé combien ce dernier étoit clairvoyant. (*Note du Traducteur.*)

Nous nous permettrons de faire quelques remarques sur ces propositions.

Quant à la première, nous espérons prouver d'une manière satisfaisante, que les colonies du centre, telles que le New-Jersey, la Pensylvanie, le Maryland et la Virginie, n'ont presque d'autre terrain vacant, que celui qu'ont acquis de grands propriétaires pour le revendre à haut prix. Nous observerons ensuite que les pauvres colons, chargés de beaucoup d'enfans, ne sont pas en état de payer ce prix; que cela est cause que plusieurs milliers de familles se sont déjà établies sur l'Ohio; que nous n'avons nulle envie d'engager aucun des sujets *européens* de sa majesté à aller se fixer dans ces contrées; mais que pour les défricher et les cultiver nous comptons entièrement sur la bonne volonté des habitans qui seront de trop dans les colonies du centre.

Nous répondrons à l'égard de la deuxième proposition, que nous croyons seulement nécessaire d'observer que la supposition de voir devenir ce pays une espèce

espèce d'état séparé et indépendant, perd toute sa force, puisqu'on a proposé d'y établir un gouvernement à l'instant où l'on en obtiendroit la concession. Les lords commissaires du commerce et des colonies ne l'ont point désavoué.

Pour la troisième proposition, nous observerons rapidement que nous y avons pleinement répondu dans la dernière partie de nos remarques sur le sixième paragraphe.

Enfin, la quatrième proposition ne contient que l'aveu que fait le gouverneur en disant qu'il connoît *un peu* la situation et l'état des choses en Amérique; et que d'après quelques *petits exemples*, il se figure aisément ce qui peut et doit certainement arriver, si l'on ne le prévient à temps.—Nous avouerons que comme le gouverneur ne dit point quels sont ces petits exemples, nous ne prétendons pas juger, si ce qu'il se figure peut s'appliquer à l'objet que nous considérons, ou à quelle autre chose il peut avoir rapport.

Tome II. T

Mais, comme les lords commissaires du commerce et des colonies ont jugé à propos d'insérer dans leur rapport, la lettre du général Gage et celle du gouverneur Wright, il est nécessaire que nous citions l'opinion de l'assemblée des citoyens de Virginie sur l'objet dont il est question. Cette opinion se trouve dans la pétition que cette assemblée a adressée au roi le 4 août 1767, et que M. Montague, agent de la colonie, a remise, vers la fin de la même année, aux lords commissaires du commerce et des colonies. — Voici ce que disent les citoyens de Virginie : — « Nous espérons hum-
» blement que nous obtiendrons votre
» royale indulgence, quand nous vous
» dirons que notre opinion est que le
» service de votre majesté et l'intérêt
» général de ██ possessions en Amé-
» rique, exigent qu'on continue à en-
» courager (1) l'établissement des terres

(1) Ces encouragemens étoient une exemption de toute espèce de paiement en argent, de cens pour dix ans, et de toutes les taxes pour quinze ans.

» de ces frontières. — L'assemblée observe que par ce moyen, des hommes qui ont des propriétés et sont les sujets fidèles du gouvernement, feront de nouveaux établissemens. Mais si l'on continue à s'y opposer, nous avons les plus fortes raisons de croire que ce pays deviendra le réfuge des vagabonds, des gens qui braveront l'ordre et les loix, et qui, avec le temps, peuvent former un corps funeste à la paix et au gouvernement civil de cette colonie. »

Nous allons maintenant faire quelques observations sur les neuvième, dixième et onzième paragraphes du rapport des lords commissaires du commerce et des colonies.

Dans le neuvième, les lords commissaires disent : — » Qu'une des choses, qui doivent engager à rejeter la proposition des pétitionnaires, c'est ce qu'on dit du grand nombre d'habitans qu'il y a déjà sur les montagnes et sur les bords de l'Ohio ». — Nous prouverons, d'après des témoignages incontestables, qu'il y a, en effet, jusqu'à cinq mille familles, qui, l'une dans l'autre, sont au moins de six personnes chacune; indépendamment de quelques milliers de familles, qui sont aussi établies sur les montagnes dans les limites de la province de Pensylvanie. —

Leurs seigneuries ajoutent : — « Que
» si leur raisonnement est de quelque
» poids, il doit certainement déterminer
» les lords du conseil privé à conseiller à
» sa majesté d'employer tous les moyens
» pour arrêter les progrès de ces éta-
» blissemens, et non de faire aucune con-
» cession de territoire qui les favorise. »

Nous avons démontré clairement que le pays situé au midi du grand Kenhawa jusqu'à la rivière de Cherokée, appartenoit, non aux Cherokées, mais aux six Nations; — Que maintenant ce pays appartient au roi, parce que sa majesté l'a acquis des six Nations; — Que ni les six Nations, ni les Cherokées ne chassent entre le grand Kenhawa et la terre opposée à la rivière de Sioto ; — Que malgré la ligne des limites nouvellement tracées, les lords commissaires du commerce et des colonies sacrifieroient aux Cherokées une étendue de pays de huit cents lieues de long, au moins, pays que sa majesté a acheté et payé ; — Que les véritables limites occidentales de la Virginie ne s'étendent pas au-delà des montagnes d'Allegany ; — que depuis que sa majesté a acheté le pays des six Nations, elle n'en a pas réuni la moindre partie à la province de Virginie ; — Qu'il n'y a point d'établissemens d'après des titres légitimes, sur aucune partie du pays, que nous sommes convenus d'acheter des lords commissaires de la trésorerie ; — Qu'en 1748, le gouvernement encourageoit, autant qu'il étoit possible, les établissemens qu'on fesoit sur les montagnes ; — Que la proclamation de 1763 ne suspendit ces encouragemens que momentanément, c'est-à-dire, jusqu'à ce que le pays fût acheté des Indiens ; — Que l'ardeur qu'on mettoit à établir ces terres étoit si grande, que

de grands défrichemens y furent faits avant qu'on les eût acquises; — Que, quoique les colons y fussent journellement exposés aux cruautés des Sauvages, ni une force militaire, ni des proclamations répétées ne purent les engager à abandonner leurs établissemens; — Que le sol des montagnes est très-fertile, et que le pays produit aisément du chanvre, du lin, de la soie, du tabac, du fer, du vin, etc.; — Que ces articles peuvent être charriés à très-bon marché dans un port de mer; — « Que les frais
» de charroi sont si peu de chose, qu'il
» est impossible qu'ils empêchent la con-
» sommation des marchandises anglaises;
» — Que le roi n'a acquis les terres des
» Indiens, et tracé une ligne de démar-
» cation avec eux, que pour que ses su-
» jets pussent s'établir sur ces terres; —
» Qu'enfin, les commissaires du com-
» merce et plantations déclarèrent, en
» 1768, que les habitans des provinces
» du centre auroient la liberté de s'é-
» tendre graduellement dans l'intérieur
» du pays. »

A tous ces faits, nous ajouterons qu'au congrès tenu avec les six Nations, dans le fort Stanwix, en 1768, lorsque sa majesté acheta le territoire de l'Ohio, MM. Penn (1) achetèrent aussi de ces Indiens un territoire très-étendu sur les montagnes d'Allegany, et limitrophe des terres en question. — Au printemps de 1769, MM. Penn firent ouvrir un bureau à Philadelphie, pour la distribution du terrain qu'ils avoient acheté au fort Stanwix; et tous les colons qui s'étoient déjà établis sur les montagnes dans les limites de la Pensylvanie, avant qu'elles fussent acquises des Indiens, ont depuis, obtenu des titres légitimes pour leurs plantations.

En 1771, on présenta une pétition à l'assemblée générale de Pensylvanie, pour la prier de créer un nouveau comté sur les montagnes. — L'assemblée en considération du grand nombre de familles établies sur ces montagnes, dans les li-

(1) Les héritiers de William Penn, fondateur de la colonie de Pensylvanie.

mites de la province, y créa, en effet, le comté de Bedford. — En conséquence, William Thompson fut élu pour représenter ce comté dans l'assemblée générale. Un sheriff, un accusateur public, des juges-de-paix, des huissiers et d'autres officiers civils furent nommés pour résider sur les montagnes. — Mais plus de cinq mille familles, qui sont établies au sud de ces montagnes, et sont près des limites méridionales de la Pensylvanie, restent sans ordre, sans loix, sans gouvernement. Aussi, les voit-on sans cesse en querelle. Elles ont déjà franchi la ligne des limites, tué plusieurs Sauvages et envahi une partie du territoire qui est vis-à-vis de l'Ohio. Si l'on ne se hâte de leur donner des loix, et de les obliger à une juste subordination, le désordre dans lequel elles vivent, sera bientôt à son comble, et deviendra non moins funeste aux anciennes colonies qu'aux Indiens. — Voilà des faits réels. Pourra-t-on donc à présent, les dénaturer au point d'en conclure qu'il ne faut point donner un gouvernement aux sujets du roi, établis sur le territoire de l'Ohio ?

Il faut aussi considérer que nous sommes convenus de payer pour une petite partie du terrain acquis au fort Stanwix, tout ce qu'en a coûté la totalité; et qu'en outre nous devons nous charger de tous les frais d'établissemens et d'entretien de la nouvelle colonie.

Il est si vrai que les colons établis sur ce terrain sont sans loix et sans gouvernement, que les Indiens eux-mêmes s'en plaignent; de sorte que si l'on ne remédie pas bientôt à ces maux, les Anglais auront inévitablement la guerre avec les Indiens. Ce danger a été déjà prévu par le général Gage, ainsi qu'on le voit dans ses lettres au comte d'Hillsborough et dans un discours, transmis par ce général, au même lord, et adressé aux gouverneurs de la Pensylvanie, du Maryland et de la Virginie, par les chefs des Delawares, des Munsies et des Mohickons, nations qui vivent sur les bords de l'Ohio.

Après avoir parlé du territoire que le roi a acquis dans leur pays, ces Indiens disent : — « Les gens de votre nation » sont venus, en grand nombre, sur les » montagnes et se sont établis dans le » pays. Nous sommes fâchés de vous » dire que plusieurs querelles se sont » déjà élevées entre les gens de votre » nation et les nôtres; qu'il y a eu des » hommes tués des deux côtés, et que » nous voyons quelques peuples in- » diens, et vos anglais prêts à entrer » en guerre, ce qui nous inquiète beau- » coup, car nous désirons de vivre ami- » calement avec vous. — Vous nous avez » souvent dit que vous aviez des loix » pour gouverner votre nation ; mais » nous ne voyons pas qu'en effet vous » en ayez. Ainsi, frères, à moins que » vous ne trouviez quelque moyen de » contenir ceux de vos anglais, qui » habitent entre les grandes montagnes » et l'Ohio, et qui sont très-nombreux, » il sera impossible aux Indiens de mo- » dérer leurs jeunes guerriers. — Soyez

» en sûrs, les nuages noirs commencent
» à se rassembler sur ce pays ; et si l'on
» ne se hâte pas de faire quelque chose,
» ces nuages nous empêcheront bientôt
» de voir le soleil.

» Nous désirons que vous fassiez la plus
» grande attention à ce que nous vous
» disons; parce que cela part du fond
» de nos cœurs, et que comme nous avons
» envie de vivre en paix et en amitié avec
» nos frères les Anglais, nous sommes
» affligés de voir quelques peuples au-
» tour de nous, prêts à se battre avec
» les gens de votre nation.

» Vos anglais aiment beaucoup nos
» riches terres. Nous les voyons tous
» les jours se disputer des champs et
» brûler les maisons les uns des autres ;
» de sorte que nous ne savons pas s'ils ne
» passeront pas bientôt l'Ohio pour venir
» nous chasser de nos villages ; et nous
» ne voyons pas, frères, que vous pre-
» niez aucun soin pour les arrêter. »

Ce discours des tribus, qui ont beaucoup d'influence dans leur pays, est très-

utile à connoître. — Il prouve que les colons sont très-nombreux sur les montagnes ; que les Indiens donnent toute leur approbation à l'établissement d'une colonie sur les bords de l'Ohio ; — et qu'ils se plaignent d'une manière très-pathétique, de ce que les sujets du roi ne sont point gouvernés. Il confirme enfin, l'assertion contenue dans le huitième paragraphe du rapport des lords commissaires du commerce et des colonies, qui dit : — « Que si l'on souffre que les co-
» lons continuent à vivre dans un état
» d'anarchie et de confusion, ils com-
» mettront tant de désordres, qu'ils ne
» pourront manquer de nous entraîner
» dans des querelles avec les Indiens,
» et de compromettre la sûreté des co-
» lonies de sa majesté. »

Cependant, les lords commissaires du commerce et des colonies, ont fort peu d'égard à toutes ces circonstances. Ils se contentent de faire une seule observation : —« Nous ne voyons rien, disent-ils, qui
» empêche le gouvernement de Virginie

» d'étendre ses loix et sa constitution » jusque dans les contrées de l'Ohio, où » des colons se sont établis avec des » titres légitimes ». — Nous répétons qu'il n'y a point là de colons qui aient de titres légitimes.— Malgré cela, leurs seigneuries disent, dans le dixième paragraphe de leur rapport : — « Qu'il leur » paroît qu'il y a quelques possessions » accordées par le gouverneur et le con- » seil de Virginie ».—Eh bien ! supposons qu'il y en ait, et admettons même que les loix et la constitution de la Virginie s'étendent jusque sur ce territoire, quoique nous soyons bien certains qu'elles ne s'y étendent pas : les lords commissaires en auront-ils davantage proposé quelque manière de gouverner plusieurs milliers de familles qui s'y sont établies, non avec des titres légitimes, mais conformément à l'ancien usage de se placer sur des terrains inoccupés? — Non certainement. Au contraire, leurs seigneuries ont recommandé de conseiller à sa majesté d'employer tous les moyens possibles pour arrêter les progrès de ces établissemens; et par conséquent de laisser les colons sans gouvernement et sans loix, au risque de les voir entraîner les provinces du centre dans une guerre qui détruiroit le commerce et la population des comtés de leurs frontières.

Après avoir fait ces observations, il convient, peut-être, d'examiner si les loix et la constitution de la Virginie peuvent être efficacement étendues jusque sur le territoire de l'Ohio. — La ville de Williamsbourg, capitale de la Virginie, n'est-elle pas au moins à quatre cents milles de distance des établissemens de l'Ohio? — Les loix de la Virginie n'exigent-elles pas que toute personne, accusée d'un crime capital, soit jugée à Williamsbourg *seulement ?* — N'est-ce pas là que se tient l'assemblée générale de la province? — N'est-ce pas là qu'est aussi le tribunal du banc du roi, ou le tribunal de l'état? — La Virginie a-t-elle destiné quelques fonds à l'entretien des officiers civils de ces établissemens éloignés, au

transport des accusés, et au paiement des frais de voyage et de séjour des témoins, qui auroient huit cents milles à faire pour aller à Williamsbourg et s'en retourner ? Enfin, d'après toutes les raisons que nous avons détaillées, les colons de l'Ohio ne seroient-ils pas exactement dans la situation dont parle le gouverneur Wright, dans la lettre qu'ont tant vantée les lords commissaires du commerce et des colonies ? — « Les per-
» sonnes, dit-il, établies au-delà des pro-
» vinces, étant trop éloignées du siége
» du gouvernement, des tribunaux et des
» magistrats, sont hors de la portée des
» loix et de l'autorité ; et leurs établis-
» semens deviendront bientôt un recep-
» tacle de brigands. »

Nous pensons ne pas devoir dire grand'chose sur le deuxième paragraphe du rapport des lords commissaires du commerce et des colonies. — La clause de réserve, qui se trouve dans notre pétition, est une clause d'usage ; et nous espérons qu'en cette occasion, le conseil privé sera d'avis qu'elle est suffisante, d'autant plus que nous sommes en état de prouver que dans des limites du territoire pour lequel nous voulons traiter, il n'y a point d'établissemens faits avec un titre légal.

Concluons. — Il a été démontré que ni les proclamations royales, ni celles des assemblées provinciales, ni la crainte des horreurs d'une guerre sauvage, n'ont pu empêcher des colons de s'établir sur les montagnes, même avant que le pays fût acheté des Indiens. Or, à présent que ce pays appartient aux Anglais, à présent qu'on a vu les propriétaires de la Pensylvanie, qui sont les soutiens héréditaires de la politique britannique dans leur province, donner toute sorte d'encouragement pour établir les terres à l'ouest des montagnes, à présent, enfin, que la législature de la province a approuvé cette mesure des propriétaires, et que des milliers de familles se sont établies dans le nouveau comté de Bedford; peut-on concevoir que les habitans des colonies

colonies du centre, consentiront à ne pas cultiver les fertiles contrées de l'Ohio?

Mais en admettant qu'il eût été jadis raisonnable de demander si l'on devoit, ou non, faire des établissemens dans ce pays, il n'en est pas moins certain que cela ne peut plus entrer en question, lorsque plus de trente mille anglais y sont établis. — Convient-il de laisser un si grand nombre de colons sans loix et sans gouvernement? — La saine politique peut-elle approuver cette manière de former des colonies et d'accroître les richesses, la force, le commerce de l'empire? Ou ne dit-elle pas plutôt que l'indispensable devoir du gouvernement est de changer les sujets *dangereux* en sujets *utiles*? Ne dit-elle pas qu'il faut, pour cela, établir immédiatement parmi eux l'ordre et la subordination, et fortifier de bonne heure leur attachement naturel aux loix, aux coutumes et au commerce du royaume?

Nous osons nous flatter d'avoir démontré et par des faits, et par des rai-

Tome II. V

sonnemens justes, que l'opinion des lords commissaires du commerce et des colonies, au sujet du territoire de l'Ohio, est mal fondée; et que si le conseil privé l'adoptoit, elle auroit les conséquences les plus dangereuses, les plus funestes pour le commerce, la paix et la sécurité des colonies de sa majesté en Amérique.

D'après cela nous espérons que la nécessité de faire du territoire de l'Ohio, une colonie séparée sera regardée comme une mesure conforme à la plus sage politique et très-avantageuse au repos des anciennes colonies, à la conservation de la ligne des limites, et aux intérêts commerciaux de la mère-patrie.

SUR UN PLAN DE GOUVERNEMENT
ENVOYÉ
PAR LE CABINET DE LONDRES EN AMÉRIQUE (1).

AU GOUVERNEUR SHIRLEY.

Le mardi matin.

JE renvoie à Votre Excellence les feuilles détachées du plan, qu'elle a bien voulu me communiquer.

Je crains que le désir qu'on a d'em-

---

(1) L'on a déjà vu dans la vie de Franklin, qu'au mois de juillet 1754, des députés de toutes les colonies anglaises de l'Amérique septentrionale, se rassemblèrent à Albany pour établir un plan de défense commune. Ce plan fut désapprouvé en Angleterre, d'où on en fit passer un autre au gouverneur Shirley. C'est à cette occasion que Franklin, qui étoit l'un des députés, et le rédacteur du premier plan, écrivit les trois lettres suivantes. (*Note du Traducteur.*)

pêcher le peuple des colonies de participer à la nomination du grand-conseil, et de le faire taxer par le parlement d'Angleterre, où il n'est point représenté, n'occasionne beaucoup de mécontentement.

Il est très possible que ce gouvernement général soit aussi bien, aussi fidèlement administré sans que le peuple s'en mêle, qu'avec lui : mais lorsqu'on lui a imposé de pesans fardeaux, on a toujours trouvé utile de faire en sorte que cette imposition parût en partie son ouvrage, attendu qu'il la supporte beaucoup mieux lorsqu'il croit qu'elle vient de lui, et que quand quelques mesures publiques lui semblent injustes ou désagréables, les roues du gouvernement ont de la peine à marcher.

AU MÊME.

Mercredi matin.

JE communiquai hier à Votre Excellence, mon opinion sur le mécontentement que doit exciter l'envie d'empêcher le peuple de participer à l'élection des membres du grand-conseil, et de le faire taxer par un acte du parlement, sans qu'il y ait des représentans. — Lorsqu'il s'agit de l'intérêt général du peuple, et sur-tout lorsqu'on doit lui imposer des charges, il ne faut pas moins considérer ce qu'il sera disposé à penser et à dire que ce qu'il est de son devoir de penser. Je vais donc, pour obéir à Votre Excellence, lui faire brièvement part des idées qui me sont venues à cette occasion.

On dira peut-être avec raison ;

1°. Que les habitans des colonies ont autant de loyauté et sont aussi attachés à la constitution anglaise et à la famille régnante, que tous les autres sujets du roi.

2°. Qu'il n'y a aucun doute que si les colonies avoient des représentans au parlement, ces représentans ne manqueroient ni de bonne volonté, ni d'empressement à accorder les secours qu'on jugeroit nécessaires pour la défense du pays.

3°. Que les habitans des colonies, qui

doivent sentir tout le danger d'une invasion de la part de l'ennemi, puisque la perte de leurs propriétés, de leur vie, de leur liberté, pourroient en être la suite, doivent aussi mieux juger que le parlement d'Angleterre, qui est très-éloigné d'elles, de la quantité de troupes à lever et à entretenir sur leurs frontières, des forteresses à y bâtir, et des moyens qu'ils ont de supporter ces dépenses.

4°. Que souvent les gouverneurs ne viennent dans les colonies que dans l'intention d'acquérir une fortune pour l'emporter en Angleterre; qu'ils ne sont pas toujours des hommes capables et intègres; que plusieurs d'entr'eux n'ont ni des propriétés dans le pays, ni des relations avec nous, qui puissent leur faire prendre à cœur notre bien-être; et qu'ils peuvent fort bien désirer de tenir sur pied plus de forces qu'il n'en faut, afin d'augmenter leurs profits et de favoriser leurs amis et leurs créatures.

5°. Que dans la plupart des colonies les conseillers étant nommés par le roi, d'après la recommandation du gouverneur, ils ne possèdent ordinairement que très-peu de propriétés, dépendent du gouverneur pour leurs emplois, et sont, par conséquent, trop soumis à leur influence.

6°. Qu'il y a grande raison de se défier du pouvoir que les gouverneurs et les conseils ont de lever les sommes qu'ils jugent à propos, en tirant des mandats sur les lords de la trésorerie, pour qu'un acte du parlement taxe ensuite les colonies et les oblige à payer ces sommes; que les gouverneurs et les conseils peuvent abuser de ce droit, en formant des projets d'expéditions vaines, en fatigant le peuple et l'arrachant à son travail, pour lui faire exécuter ces projets, et en créant des emplois, pour les donner à leurs partisans et en partager les profits.

7°. Que le parlement d'Angleterre étant à une grande distance des colonies, peut être mal informé et égaré par les gouverneurs et les conseils, qui, réunis d'intérêts, doivent probablement rendre vaines toutes les plaintes que les colons peuvent former contre eux.

8°. Que tout anglais a le droit incontestable de n'être taxé que d'après le consentement qu'il en donne par la voie de ses représentans.

9°. Que les colonies n'ont point de représentans dans le parlement.

10°. Que de proposer de les taxer par un acte du parlement, et de leur refuser la liberté d'élire un conseil représentatif pour s'assembler dans le pays, et juger de la nécessité des taxes et de la somme à laquelle elles doivent s'élever, c'est paroître soupçonner leur fidélité envers la couronne, leur attachement à leur patrie, et l'intégrité de leur bon sens; injure qu'elles n'ont point méritée.

11°. Que forcer les colonies à donner de l'argent sans leur consentement, est un acte qui ressemble plutôt à la levée des contributions en pays ennemis, qu'à l'usage de taxer des Anglais pour l'avantage commun.

12°. Que c'est traiter les colons comme

un peuple conquis, non comme de vrais sujets de l'empire britannique.

13°. Qu'une taxe mise par les représentans des colonies peut être diminuée à mesure que les circonstances le permettent : mais que si elle est une fois établie par le parlement, et d'après les suggestions des gouverneurs, elle doit probablement être maintenue pour le profit de ces gouverneurs, encore qu'elle soit onéreuse pour les colonies, et qu'elle gêne leur accroissement et leur prospérité.

14°. Que si les gouverneurs ont le pouvoir de faire marcher les habitans d'une extrémité des colonies anglaises et françaises jusqu'à l'autre, c'est-à-dire, dans l'étendue d'un pays de quinze cents milles carrés, sans qu'auparavant les représentans du peuple y aient consenti, les colons peuvent être ruinés par ces expéditions, et seront traités comme les sujets de la France le sont en Canada, où un gouverneur oppresseur les fatigue depuis deux ans par de longues et pénibles marches sur les bords de l'Ohio.

15°. Que si plusieurs colonies réunies peuvent se passer de représentans et être bien administrées par un gouverneur et un conseil nommés par le roi, la même méthode doit également et même mieux convenir à des colonies particulières ; qu'alors le parlement peut les taxer toutes pour le soutien du gouvernement, et que leurs assemblées doivent être congédiées, comme étant une partie inutile de la constitution.

16°. Que les pouvoirs dont on a proposé de revêtir le conseil représentatif du peuple, dans le plan d'union d'Albany, ne sont pas aussi considérables, même pour ce qui a rapport au militaire, que ceux que les chartes donnent aux colonies de Rhode-Island et de Connecticut, et dont ces colonies n'ont jamais abusé. D'après le plan d'Albany, le président-général devoit être nommé par le roi, et pouvoit refuser son assentiment à tout ce qui ne lui paroîtroit pas juste : mais à Rhode-Island et dans le Connecticut, le peuple nomme le gouverneur et ne lui accorde point de négative.

17°. Que les colonies anglaises étant limitrophes des établissemens français, elles sont proprement frontières de l'empire britannique; et que les frontières d'un empire doivent être défendues aux frais de tout ce qui le compose; — Qu'il seroit maintenant très-difficile d'obliger, par un acte du parlement, les habitans des *Cinq ports*, ou des côtes d'Angleterre, à entretenir toute la marine anglaise, parce qu'ils sont immédiatement défendus par elle, et de leur refuser, en même-temps, le droit d'avoir des représentans au parlement; — Qu'enfin, si les frontières anglaises en Amérique, doivent supporter les frais de leur défense, il est bien dur pour elles de ne pouvoir ni participer à l'acte qui les taxe, ni juger de la nécessité de l'impôt, et de la somme à laquelle il doit s'élever, ni donner des conseils sur les mesures qui y ont rapport.

18°. Qu'indépendamment des taxes nécessaires pour la défense des frontières, les colonies paient annuellement à la mère-patrie, de grosses sommes, dont on ne fait point mention; que les impôts payés en Angleterre par le propriétaire des terres et par l'artisan, doivent être comptés dans l'augmentation de prix des productions territoriales et de celles des manufactures; et que beaucoup de ces productions étant achetées par les consommateurs, qui sont dans les colonies, ils paient, par conséquent, une grande partie des taxes des Anglais.

Nous sommes gênés dans notre commerce avec les nations étrangères, qui pourroient nous fournir plusieurs sortes de marchandises à bon marché; et il faut que nous achetions chèrement ces marchandises des Anglais : ainsi il est clair que la différence du prix est un impôt que l'Angleterre met sur nous. — L'on nous oblige de porter directement en Angleterre les productions de notre pays, et les droits qu'on y met diminuent tellement leur prix, que le colon en retire beaucoup moins qu'il ne les vendroit dans des marchés étrangers; ce qui est encore un impôt payé à l'Angleterre.

Nous pourrions fabriquer chez nous, quelques marchandises; mais il nous est défendu d'en faire, et il faut que nous les achetions des Anglais. La totalité du prix de ces objets est bien un *impôt payé* à l'Angleterre.

Nous avons considérablement augmenté la consommation des marchandises anglaises, ce qui, dans les dernières années, en a fait beaucoup hausser le prix. C'est un bénéfice clair pour l'Angleterre; ses habitans en ont plus de facilité à supporter leurs taxes; et comme nous y contribuons beaucoup, c'est un impôt que nous payons à l'Angleterre.

Enfin, comme il ne nous est permis ni de régler notre commerce, ni d'arrêter l'importation et la consommation des superfluités anglaises, ce que l'Angleterre peut faire pour les superfluités des pays étrangers, toutes nos richesses finissent par passer dans les mains des marchands et des habitans de la Grande-Bretagne; et puisque nous les enrichissons, et que nous les mettons plus en état de payer leurs impôts, c'est comme si nous étions taxés nous-mêmes, et tout aussi avantageux à la couronne.

Cependant, nous ne nous plaignons point de ces espèces de taxes secondaires, quoique nous ne participions point à la manière dont on les impose. Mais payer des taxes directes et très-fortes, sans avoir aucune part à leur établissement, taxes qui peuvent nous sembler aussi inutiles qu'onéreuses, c'est sans doute, une mesure trop cruelle pour des Anglais, qui ne peuvent croire qu'en hasardant leur fortune et leur vie pour conquérir, défricher des contrées nouvelles, et étendre l'empire et le commerce de leur patrie, ils ont perdu leurs droits naturels. Ils pensent, au contraire, que leurs entreprises et leurs travaux leur auroient mérité ces droits, s'ils avoient été auparavant dans un état d'esclavage.

Voilà, j'imagine, ce que diront les habitans des colonies, si les changemens proposés dans le plan d'Albany, ont lieu. Alors, les gouverneurs et les conseils n'ayant point de représentans du peuple pour approuver leurs mesures, y concourir et les rendre agréables aux colons, verront bientôt leur administration devenir suspecte et odieuse. Des haines, des discordes naîtront entre les gouvernans et les gouvernés, et tout sera bientôt en confusion.

Peut-être ai-je trop de craintes à cet égard : mais à présent que je vous ai communiqué, avec franchise, ma façon de penser, Votre Excellence peut juger mieux que moi, si j'ai raison. Et le peu de temps que j'ai eu pour composer cette lettre, doit, j'espère, excuser en partie son imperfection.

Je suis, etc.

B. FRANKLIN.

AU MÊME

Boston, le 22 décembre 1754.

DEPUIS la conversation que j'ai eue avec Votre Excellence, sur le moyen d'unir plus intimement les colonies à la Grande-Bretagne, en leur accordant des représentans au parlement, j'ai réfléchi encore sur ce sujet, et je pense qu'une telle union seroit très-agréable aux colonies, pourvu qu'on leur accordât un nombre convenable de représentans. Il faudroit aussi qu'on révoquât les anciens actes du parlement, qui bornent le commerce des colonies, et empêchent qu'on n'y établisse des manufactures. Il faudroit enfin, que les sujets de l'Angleterre, qui habitent en-deçà de la mer, eussent, à cet égard, les mêmes droits que ceux qui vivent dans la Grande-Bretagne, jusqu'à ce que le nouveau parlement jugeât qu'il est de l'intérêt général de rétablir quelques-uns ou même tous les actes prohibitifs.

En vous parlant d'un nombre convenable de représentans des colonies, je n'imagine pas que ce nombre doive être si considérable qu'il puisse avoir beaucoup d'influence dans le parlement; mais je pense qu'il doit l'être assez pour faire considérer avec plus d'attention et d'impartialité les loix qui auront rapport aux colonies; et peut-être aussi pour contre-
balancer

balancer les sentimens particuliers d'une petite corporation ou d'une troupe d'ouvriers et de marchands, auxquels il semble jusqu'à présent qu'on a eu plus d'égard qu'à toutes les colonies ; de sorte qu'on leur a sacrifié l'intérêt général et l'avantage de la nation.

Je pense aussi que si les colonies étoient gouvernées par un parlement, dans lequel elles seroient loyalement représentées, les habitans préféreroient beaucoup ce gouvernement, à la méthode qu'on a dernièrement essayé d'introduire par des instructions royales ; parce qu'il est bien plus conforme à la nature de la constitution anglaise et à la liberté. Les mêmes loix, qui semblent à présent peser cruellement sur les colonies, paroîtroient douces et faciles à exécuter, si un parlement où il y auroit des représentans colons, les avoit jugées conformes à l'intérêt général.

Par une telle union, les habitans de l'Angleterre et ceux des colonies apprendroient à se regarder non plus comme appartenant à deux communautés différentes et dont les intérêts sont opposés, mais à une communauté qui n'a qu'un seul intérêt. J'imagine que cela donneroit plus de force à la nation entière et diminueroit de beaucoup le danger d'une séparation.

L'on pense, je crois, que l'intérêt général d'un état, quel qu'il soit, est que le peuple y soit nombreux et riche; qu'il y ait assez d'hommes pour combattre pour sa défense, et assez pour payer les impôts nécessaires aux frais de son gouvernement; car c'est ce qui contribue à sa sécurité et à le faire respecter des puissances étrangères. Mais pourvu qu'on combatte, il paroît assez indifférent que ce soit Jean ou Thomas; et si les taxes sont bien payées, qu'importe que ce soit par William ou par Charles?

Les manufactures de fer occupent et enrichissent beaucoup d'anglais. Mais il est égal pour l'Angleterre que les manufacturiers demeurent à Birmingham ou à Sheffield, ou dans l'une et l'autre de ces villes, pourvu qu'ils restent dans le pays, et que leurs richesses et leurs personnes soient à ses ordres. Si l'on avoit pu dessécher par des fossés, les sables de Goodwin, et donner, par ce moyen, à l'Angleterre un vaste pays, qui seroit à présent couvert d'habitans, pourroit-on croire qu'il fût juste de priver ces habitans des droits dont jouissent tous les autres Anglais? Faudroit-il leur enlever le droit de vendre les productions de leur canton dans les mêmes ports où iroient leurs compatriotes, et de faire eux-mêmes leurs souliers, parce qu'un cordonnier ou un marchand de la partie de l'île habitée avant la leur, s'imagineroit qu'il seroit plus avantageux pour lui de les chausser et de trafiquer avec eux. Cela seroit-il juste, quand bien même leur terrain auroit été acquis aux frais de l'état? Cela ne seroit-il pas encore moins juste si c'étoit par leur industrie et par leur travail que ce terrain eût été acquis à l'Angleterre? Le tort ne paroîtroit-il pas enfin bien plus cruel si on leur refusoit le droit d'avoir des représentans au parlement, d'où émaneroient tous ces actes.

Je regarde les colonies comme autant de nouveaux comtés acquis à l'Angleterre, et bien plus précieux pour elle, que si on les avoit fait sortir du sein de la mer qui baigne ses côtes, et qu'ils fussent adjacens à sa terre. Étant situées en différens climats, les colonies fournissent une plus grande variété de productions et de matières pour les manufactures de la Grande-Bretagne ; et séparées d'elle par l'Océan, elles sont cause qu'elle a bien plus de vaisseaux et de matelots. — Puisqu'elles font partie de l'empire britannique, qui n'a fait que s'étendre par leur moyen ; et puisque la force et la richesse des parties font la force et la richesse du tout, qu'importe-t-il à l'état en général, qu'un marchand, un forgeron, ou un chapelier, soit riche dans la *Vieille* ou dans la *Nouvelle*-Angleterre ? — Si l'accroissement de la population est cause qu'on a besoin de deux forgerons, au lieu d'un qu'on employoit auparavant, pourquoi ne veut-on pas que le second prospère dans le nouveau pays, comme le premier dans l'ancien? Enfin, pourquoi l'appui de l'état seroit-il accordé, avec partialité, à moins que cette partialité ne soit en faveur de ceux qui ont le plus de mérite? Et s'il y a quelque différence, ceux qui ont le plus contribué à reculer les bornes de l'empire britannique, et à accroître son commerce, sa force, ses richesses et sa population, en exposant leur fortune et leur vie, dans des pays nouveaux, doivent, ce me semble, être préférés.

Agréez mon estime et mon respect.

B. FRANKLIN.

LETTRE
DE LORD HOWE
A BENJAMIN FRANKLIN (1).

*A bord de l'*Aigle*, le 20 juin 1776.*

JE ne puis, mon digne ami, laisser partir les lettres et les autres papiers que je vous envoie, sans y ajouter un mot au sujet des mesures cruelles auxquelles nous ont entraînés nos malheureuses disputes.

Les dépêches officielles, que j'ai recommandé de vous faire passer avec cette lettre, vous apprendront la nature de ma mission. Plein du désir que j'ai toujours

(1) En 1776, l'amiral Howe fut envoyé en Amérique, pour négocier, d'accord avec le général Howe, son frère, une réconciliation entre l'Angleterre et les colonies, ou pour continuer la guerre s'il ne réussissoit pas à ramener les insurgens. Quand il arriva sur les côtes de New-York, il adressa au docteur Franklin, la lettre que je traduis ici, et à laquelle Franklin fit la réponse qu'on lira ensuite. (*Note du Traducteur.*)

témoigné, de voir terminer nos différens, j'espère que si je trouve dans les colonies les dispositions que j'y ai autrefois vues, je pourrai seconder efficacement la sollicitude paternelle du roi, pour le rétablissement de l'union et d'une paix durable entre les colonies et l'Angleterre.

Mais si les préjugés de l'Amérique sont trop profondément enracinés, et que la nécessité d'empêcher son commerce de passer dans des canaux étrangers nous divise encore, je regretterai sincèrement, et par amour du bien public, et par toute sorte de motifs particuliers, que ce ne soit pas le moment où l'on puisse ramener cette paix, l'un des plus grands objets de mon ambition. Je serai aussi très-affligé d'être encore privé de l'occasion de vous assurer personnellement de toute l'estime que j'ai pour vous.

HOWE.

A la vue de Sandy-Hook, le 12 juillet.

P. S. Je n'ai pu vous envoyer cette lettre le jour qu'elle a été écrite. Des calmes et des vents contraires m'ont même empêché d'apprendre au général Howe que j'ai la satisfaction d'être chargé d'une mission pacifique, et qu'il doit la remplir avec moi.

RÉPONSE

DE BENJAMIN FRANKLIN

A LORD HOWE.

Philadelphie, le 30 juillet 1776.

J'AI reçu les lettres que Votre Excellence a bien voulu me faire passer, et dont je vous prie d'agréer mes remerciemens.

Les dépêches officielles, dont vous me parlez, ne contiennent rien de plus que ce que nous avons vu dans l'acte du parlement, c'est-à-dire, des offres de pardon si nous nous soumettons. J'en suis véritablement fâché ; car il est très-désagréable pour Votre Excellence d'être envoyée si loin de sa patrie pour une mission aussi inutile.

Recommander d'offrir un pardon aux colonies, qu'on a outragées, c'est, en vérité, montrer qu'on nous croit encore l'ignorance, la bassesse, l'insensibilité que votre aveugle et orgueilleuse nation s'est long-temps plu à nous supposer. Mais cette offre ne peut avoir d'autre effet que d'accroître nos ressentimens.

Il est impossible que nous songions à nous soumettre à un gouvernement, qui, avec la plus insigne barbarie, a, dans le fort de l'hiver, brûlé nos villes sans défense, excité les Sauvages à massacrer nos paisibles cultivateurs, nos esclaves à assassiner leurs maîtres, et nous envoie en ce moment même des stipendiaires étrangers pour inonder de sang nos établissemens.

Ces atrocités ont éteint la dernière étincelle d'affection, que nous avions pour une mère-patrie, qui nous fut jadis si chère. Mais quand il nous seroit possible d'oublier et de pardonner les injures que nous en avons reçues, vous ne pourriez pas, vous Anglais, pardonner à un peuple que vous avez si cruellement offensé; vous ne pourriez jamais le regarder encore comme fesant partie du même empire que vous, et lui permettre de jouir d'une liberté à l'occasion de laquelle vous savez que vous lui avez donné de justes sujets d'inimitié. Si nous étions encore sous le même gouvernement que vous, le souvenir du mal que vous nous avez fait, vous engageroit à nous accabler de la plus cruelle tyrannie, et à employer toute sorte de moyens pour nous empêcher d'acquérir de la force et de prospérer.

Mais Votre Excellence me parle de « la » sollicitude paternelle du roi, pour le » rétablissement de l'union et d'une paix » durable entre les colonies et l'Angle- » terre ». — Si, par la paix, vous entendez celle qui doit avoir lieu entre deux états différens, qui sont maintenant en guerre, et que sa majesté vous ait donné le pouvoir de traiter avec nous, d'une telle paix, j'ose vous dire, quoique je n'y sois nullement autorisé, que je crois que cela ne sera pas impraticable, avant que nous ayons contracté des alliances étrangères.

Si votre nation punissoit les gouverneurs des colonies, qui ont fomenté la discorde entr'elle et nous, rebâtissoit nos villes brûlées, et réparoit le mieux qu'il lui seroit possible, les torts qu'elle nous a faits, elle recouvreroit en partie notre estime, profiteroit beaucoup de notre commerce qui s'accroît sans cesse, et se fortifieroit encore de notre amitié. Mais je connois trop bien son orgueil et sa folie pour croire qu'elle veuille prendre des mesures aussi salutaires. Sa manie d'être belliqueuse et d'étendre ses conquêtes, son ambition, son désir de dominer, sa soif d'accumuler des richesses par le monopole, sont des causes, qui, quoiqu'elles ne la justifient point de nous avoir attaqués, se réunissent pour dérober à ses yeux tous ses vrais intérêts, et la poussent continuellement à entreprendre ces expéditions lointaines, ruineuses, qui lui coûtent tant d'hommes et d'argent, et qui, à la fin, lui seront aussi funestes que les croisades l'ont été à la plupart des nations de l'Europe.

Je n'ai point, mylord, la vanité de croire que j'intimiderai votre nation, en lui prédisant les effets de la guerre. Je sais, au contraire, que cette prédiction aura le sort de toutes celles que j'ai faites en Angleterre ; c'est-à-dire, qu'on n'y croira qu'après que l'événement l'aura vérifiée.

Long-temps animé d'un zèle sincère et infatigable, je me suis efforcé d'empêcher qu'on ne brisât ce magnifique vase de porcelaine, l'empire britannique! car je savois que lorsqu'il seroit une fois brisé, ses différentes parties ne pourroient conserver la force et le prix qu'avoit eu le tout, et qu'on ne devoit espérer de les voir jamais bien réunies.

Votre Excellence se rappelle, peutêtre, les larmes de joie qui coulèrent de mes yeux, chez votre sœur, à Londres, lorsque vous me fîtes espérer qu'une réconciliation, entre l'Angleterre et les colonies, pourroit bientôt avoir lieu. J'ai eu le malheur de voir cet espoir déçu et d'être traité comme l'auteur du mal que je m'efforçois de prévenir. Mais ce qui m'a consolé de cette imputation malveillante et sans fondement, c'est que j'ai conservé en Angleterre, l'amitié de plusieurs hommes sages et probes, parmi lesquels je puis compter lord Howe.

La juste estime, et permettez-moi de le dire, l'affection que j'ai toujours eue pour Votre Excellence, me fait voir avec peine que vous soyez chargé de faire une guerre, dont la principale cause est, comme vous l'observez dans votre lettre, la nécessité d'empêcher le commerce américain de passer dans des canaux étrangers. — Il me semble que ni l'obtention, ni la conservation d'un commerce, quelqu'avantageux qu'il soit, ne mérite que des hommes versent le sang d'autres hommes. Les vrais, les plus sûrs moyens qu'on a d'étendre son commerce, c'est de fournir aux nations avec lesquelles on traite, des marchandises de bonne qualité et peu chères; et les profits d'aucun commerce ne peuvent suffire aux frais qu'il en coûte, lorsqu'on veut le faire par force, et qu'il faut pour cela entretenir des flottes et des armées.

Je considère la guerre que nous font les Anglais, comme une guerre à-la-fois injuste et insensée. Je suis persuadé que la froide et impartiale postérité condamnera à l'infamie les hommes qui en ont été les instigateurs; et que la victoire même ne pourra pas entièrement effacer la honte des généraux qui se sont volontairement engagés à la faire.

Je n'ignore pas qu'en venant en Amérique, vous avez eu pour principal motif l'espoir d'opérer une réconciliation; et je crois que quand vous aurez vu que, d'après les propositions qu'on vous a laissé la liberté de faire, cette réconciliation est impossible, vous abandonnerez l'odieux commandement dont vous vous êtes chargé, et vous retournerez à une vie privée, bien plus honorable.

Agréez, mylord, mon sincère respect.

B. FRANKLIN.

RÉFLEXIONS

SUR L'AUGMENTATION DES SALAIRES QU'OCCASIONNERA EN EUROPE, LA RÉVOLUTION D'AMÉRIQUE (1).

L'INDÉPENDANCE et la prospérité des États-Unis de l'Amérique, produiront l'augmentation des salaires en Europe; avantage dont il me semble que personne n'a encore parlé.

Le bas prix des salaires est un des plus grands vices des sociétés politiques de l'Europe, ou plutôt de l'ancien monde.

Si l'on donne au mot *salaire* toute

(1) Ces réflexions ont été trouvées dans les papiers de Franklin. Un de ses amis les a fait insérer dans le *Journal d'Économie Publique*, du 10 ventôse an V. Mais comme je n'ai pas pu me procurer ce journal assez à temps pour les y prendre, je les ai traduites sur la version allemande de la *Minerva*, d'Archenholz? (*Note du Traducteur.*)

l'extension

l'extension dont il est susceptible, on trouvera que presque tous les citoyens d'un grand état reçoivent et donnent des salaires : mais il n'est ici question que d'une espèce de salariés, les seuls dont le gouvernement doive se mettre en peine et qui ont besoin de ses soins; ce sont les salariés du dernier ordre, de ces hommes sans propriété, sans capital et n'ayant que leurs bras pour vivre. Cette classe est toujours la plus nombreuse d'une nation; et par conséquent, on ne peut pas dire heureuse la société, où par la modicité et l'insuffisance des salaires, les salariés ont une subsistance si bornée, que pouvant à peine satisfaire leurs premiers besoins, ils n'ont le moyen ni de se marier, ni d'élever une famille, et sont réduits à la mendicité, aussitôt que le travail vient à leur manquer, ou que l'âge et la maladie les forcent de manquer eux-mêmes au travail.

Au reste, les salaires dont il est ici question, ne doivent pas être considérés d'après la somme à laquelle ils s'élèvent, mais d'après la quantité de denrées, de vêtemens et d'autres marchandises que le salarié peut obtenir avec l'argent qu'il reçoit.

Malheureusement, dans tous les états policés de l'ancien monde, une nombreuse classe de citoyens n'a pour vivre que des salaires, et ces salaires lui sont insuffisans. C'est là véritablement ce qui produit la misère de tant de journaliers qui travaillent dans les campagnes ou dans les manufactures des villes, la mendicité, dont le mal s'étend chaque jour de plus en plus, parce que les gouvernemens ne lui opposent que des remèdes impuissans, la dépravation des mœurs, et presque tous les crimes.

La politique de la tyrannie et celle du commerce, ont méconnu et déguisé ces vérités. L'horrible maxime qui dit qu'il faut que le peuple soit pauvre pour qu'il reste soumis, est encore celle de beaucoup de gens au cœur dur et à l'esprit faux, qu'il est inutile de combattre ici.—Il en est d'autres qui pensent aussi que le peuple doit être pauvre, par rapport aux prétendus intérêts du commerce. Ils croient que l'augmentation des salaires fait enchérir les productions du sol et surtout celles de l'industrie, qui se vendent à l'étranger; ce qui doit diminuer leur exportation et les profits qu'elles peuvent donner. Mais ce motif est à la fois barbare et mal fondé.

Il est barbare; car quels que puissent être les avantages du commerce avec l'étranger, s'il faut pour les avoir, que la moitié de la nation languisse dans la misère, on ne peut, sans crime, chercher à les obtenir, et il est du devoir d'un gouvernement d'y renoncer. Vouloir empêcher les salaires de s'élever pour favoriser l'exportation des marchandises, c'est travailler à rendre misérables les citoyens d'un état, afin que les étrangers achetent ses productions à meilleur marché; c'est tout au plus essayer d'enrichir quelques marchands, en appauvrissant le gros de la nation; c'est se ranger du côté du plus fort, dans la lutte déjà si inégale de celui qui peut donner des salaires avec celui qui a besoin d'en recevoir; enfin, c'est oublier que l'objet de toute association politique doit être le bonheur du plus grand nombre.

En outre, le motif est mal fondé; car la modicité des salaires portée à l'excès où l'on la voit aujourd'hui dans presque toute l'Europe, n'est pas nécessaire pour procurer à une nation l'exportation avantageuse des productions de son sol et de ses manufactures. Ce n'est pas le salaire de l'ouvrier, mais le prix des marchandises qui doit être modéré, pour qu'on puisse vendre ces marchandises à l'étranger : mais on a toujours négligé de faire cette distinction. Lé salaire de l'ouvrier est le prix de sa journée. Le prix des marchandises est ce qu'il en coûte pour recueillir ou préparer une production du sol ou de l'industrie. — Cette production peut donc être à un prix très-modéré, en même-temps que l'ouvrier aura de bons salaires, c'est-à-dire, les moyens de se procurer une subsistance abondante.
— Le travail nécessaire pour recueillir

ou préparer la chose qu'on veut vendre, peut être à bon marché, et le salaire de l'ouvrier très-bon.—Quoique les ouvriers de Manchester et de Norwich, et ceux d'Amiens et d'Abbeville, soient occupés du même genre de travail, le salaire des premiers est bien plus considérable que celui des autres; et cependant, à qualité égale, les étoffes de laine de Manchester et de Norwich sont moins chères que celles d'Amiens et d'Abbeville.

Il seroit trop long de développer ici ce principe. Je me bornerai à observer qu'il tient sur-tout à ce que le prix du travail des arts et même de l'agriculture, est singulièrement diminué par le perfectionnement des machines qu'on y emploie, par l'intelligence et l'activité des ouvriers, et par la distribution bien entendue du travail. Or, ces moyens de diminuer le prix des objets qui sortent des manufactures, n'ont rien de commun avec la modicité du salaire de l'ouvrier. Dans une grande manufacture, où l'on emploie des animaux au lieu d'hommes, et des machines au lieu d'animaux, et où le travail est distribué avec cette intelligence qui double, qui décuple la force et le temps, l'ouvrage peut être fabriqué et vendu à un prix beaucoup moindre que dans celles qui n'ont pas le même avantage; et cependant, les ouvriers de l'une sont payés deux fois plus que ceux des autres.

C'est, sans doute, un avantage pour toute manufacture, d'avoir des ouvriers à bon marché; et lorsque la cherté des salaires est excessive, elle devient un obstacle à l'établissement des grandes fabriques. C'est même cette cherté qui, comme je l'expliquerai plus bas, est une des raisons qui font croire que les États-Unis de l'Amérique ne pourront, de très-long-temps, avoir des manufactures rivales de celles d'Europe. — Mais il ne faut pas en conclure que les manufactures ne puissent prospérer, sans que les salaires des ouvriers soient réduits au point où nous les voyons en Europe. Il y a plus: c'est que l'insuffisance des salaires est une cause de décadence pour une manufacture, comme leur haut prix est une cause de prospérité.

Les hauts salaires attirent les ouvriers les plus habiles, les plus industrieux. Alors l'ouvrage est mieux fabriqué; il se vend mieux; et par ce moyen, l'entrepreneur fait plus de profit qu'il n'en pourroit faire par la diminution du prix des ouvriers. Un bon ouvrier gâte moins d'outils, perd moins de matières et travaille plus promptement qu'un autre; ce qui est encore une source de profit pour l'entrepreneur.

Le perfectionnement du mécanisme dans tous les arts est, en grande partie, dû aux ouvriers. Il n'y a point de grande manufacture, où ils n'aient inventé quelque pratique utile, qui épargne le temps et les matières, ou rend l'ouvrage meilleur. — Si les ouvrages des manufactures communes, les seules dignes d'intéresser l'homme d'état, si les étoffes de laine, de coton, même de soie, les ouvrages de fer, d'acier, de cuivre, les peaux, les cuirs et divers autres objets sont en général de meilleure qualité, à prix égal, en Angleterre que dans les autres pays, c'est indubitablement parce que les ouvriers y sont mieux payés.

Le bas prix des salaires n'est donc pas la véritable cause des avantages du commerce de nation à nation : mais il est un des grands maux des sociétés politiques.

Examinons à présent quelle est à cet égard la situation des États-Unis. La condition du journalier, dans ces états, est infiniment meilleure, que dans les plus riches contrées de l'ancien monde, et particulièrement en Angleterre, où les salaires sont pourtant plus forts que dans aucune autre partie de l'Europe.

Dans la province de New-York, les ouvriers des dernières classes et qui exercent les genres d'industrie les plus communs, gagnent ordinairement par jour trois schellings six pences, monnoie de la colonie, valant............ 2 schellings sterling.
Un charpentier de
  vaisseau, gagne 10

sch. 6 pences, mon-
noie de la colonie,
avec une pinte de
rhum, valant en
tout............. 5 sch. 6 pences st.
Un charpentier de
haute futaie, ou un
briquetier, 8 sch.
de la colonie...... 4 sch. 6 pences st.
Un garçon tailleur,
5 sch. monnoie du
pays, ou environ.. 2 sch. 10 pences st.

Ces prix, bien plus forts que ceux de Londres, sont tout aussi hauts dans les autres parties des États-Unis qu'à New-York. Je les ai tirés de l'ouvrage d'Adams Smith sur *la Richesse des Nations*.

Un observateur éclairé qui, en 1780, voyagea dans une partie des États-Unis, nous donne une idée encore plus favorable du prix auquel la main-d'œuvre y est portée.

« Je vis, dit-il, fabriquer à Sarmington
» une espèce de camelot, et une autre
» étoffe de laine à raies bleues et blan-

» ches, pour l'habillement des femmes.
» Ces étoffes se vendent trois schellings
» et demi l'aune (1), monnoie du pays,
» ce qui fait à peu-près quarante-cinq
» sous tournois. — Les fils et petits-fils
» du maître de la maison travailloient
» au métier. Un ouvrier peut faire à son
» aise cinq aunes d'étoffe par jour; et
» comme la matière première ne coûte
» qu'un schelling, il peut gagner dix à
» douze schellings dans sa journée ». —
Enfin, ce fait est si connu, qu'il est inutile de chercher à le prouver par d'autres témoignages.

Les causes de la cherté du travail dans nos états américains, ne peuvent donc que se fortifier sans cesse; puisque l'agriculture et la population y font des progrès si rapides, que tous les genres de travaux y augmentent proportionnément.

Ce n'est pas tout. Le taux élevé des salaires qu'on y donne en argent, prouve qu'ils sont encore meilleurs qu'on ne peut le juger au premier coup-d'œil; et pour

(1) D'environ 33 pouces.

s'en former une juste idée, il faut être instruit d'une circonstance importante. — Dans toutes les parties de l'Amérique septentrionale, les denrées de première nécessité sont à meilleur marché qu'en Angleterre. On n'y éprouve jamais de disette. Dans les années les plus stériles, la récolte suffit toujours à la consommation des habitans, et ils ne sont obligés que de diminuer l'exportation de leurs denrées. Or, le prix du travail en argent y étant plus haut qu'en Angleterre, et les denrées moins chères, le salaire réel, c'est-à-dire, la quantité d'objets de première nécessité, que le journalier peut acheter, en est d'autant plus considérable.

Il me reste à expliquer comment le haut taux des salaires en Amérique les fera monter en Europe.

Deux causes différentes concourront à produire cet effet. La première est la plus grande quantité de travail que l'Europe aura à faire, par rapport à l'existence d'une grande nation (1) de plus dans le

(1) Les habitans des États-Unis.

monde commerçant, et de son accroissement continuel ; et la seconde l'émigration des journaliers européens, ou seulement la possibilité qu'ils auront d'émigrer pour se rendre en Amérique, où le travail est mieux payé.

Il est certain que plusieurs millions d'hommes de plus existans dans le monde commerçant, nécessitent l'augmentation du travail en Europe, dans l'agriculture, les manufactures, le commerce, la navigation. Or, la somme du travail annuel devenant plus considérable, le travail sera payé un peu plus chèrement ; et le taux du salaire journalier de l'ouvrier augmentera par cette concurrence. — Par exemple, s'il y a cent mille pièces d'étoffe, vingt mille pièces de vin, dix mille barriques d'eau-de-vie à fournir de plus aux Américains, non-seulement le travail des hommes nécessaires à la production et à la fabrication de ces marchandises, mais toutes les autres sortes de travaux augmenteront de prix.

Le taux des salaires en Europe haussera

encore par une autre cause, qu'il importe de bien connoître. J'ai déjà dit que les salaires ne doivent pas être estimés seulement d'après la quantité d'or ou d'argent, ni même d'après la quantité de subsistances que le salarié reçoit par jour, mais aussi d'après le nombre de jours où il a du travail ; car ce n'est que par ce calcul qu'on peut véritablement savoir ce qu'il a chaque jour de sa vie. N'est-il pas clair que celui qui seroit payé à raison de quarante sous par jour et manqueroit de travail la moitié de l'année, n'auroit réellement que vingt sous pour vivre, et que sa condition seroit moins avantageuse que celle du salarié, qui, ne recevant que trente sous, pourroit travailler tous les jours ? Ainsi, les Américains fesant augmenter en Europe la demande et le besoin de travail, y feront aussi nécessairement augmenter les salaires, quand on supposeroit même que le prix de la journée du salarié restât au même taux.

Peut-être m'objectera-t-on que cette nation nouvelle contiendra dans son sein tous ceux qu'elle fera travailler; qu'ainsi son existence n'ajoutant rien à la quantité de travail à faire en Europe ne sera d'aucun avantage pour les hommes qui font ce travail. Mais je réponds qu'il est impossible que les États-Unis de l'Amérique, tels qu'ils sont aujourd'hui, et à plus forte raison lorsque leur population et leurs richesses seront doublées, quadruplées, n'employent pas, d'une manière ou d'autre, le travail des Européens. — Cela est impossible, parce qu'à cet égard les Américains ne seront point dans une situation différente du reste des sociétés politiques, qui toutes ont besoin les unes des autres.

La fécondité du sol de l'Amérique, l'abondance et la variété de ses productions, l'activité et l'industrie de ses habitans, et la liberté du commerce dont l'indépendance américaine occasionnera tôt ou tard l'établissement en Europe, assurent les relations de l'Amérique avec les autres pays ; parce qu'elle fournira aux autres nations celles de ses productions, qui leur conviendront, et que chacune en ayant, qui lui sont particulières, les besoins et les avantages seront mutuels.

La seconde cause, que j'ai dit devoir coopérer à l'augmentation des salaires en Europe est l'émigration, ou seulement la possibilité d'émigrer vers l'Amérique, où le travail est mieux payé. Il est aisé de concevoir que lorsque cette différence sera bien connue, elle attirera dans les États-Unis beaucoup d'hommes qui, n'ayant d'autre moyen de subsister que leur travail, accourront dans le lieu où ce travail sera le mieux récompensé.

Depuis la dernière paix, les Irlandais n'ont cessé d'émigrer pour se rendre en Amérique. La raison en est qu'en Irlande les salaires sont bien moindres qu'en Angleterre, et que la dernière classe du peuple en souffre beaucoup. L'Allemagne a aussi fourni de nouveaux citoyens aux Etats-Unis; et tous ces hommes laborieux ont dû, en quittant l'Europe, y faire hausser le prix du travail de ceux qui y sont restés.

J'ajoute que ce salutaire effet aura lieu, même sans émigration, et résultera de la seule possibilité d'émigrer, au moins dans les états de l'Europe, dont les habitans ne seront pas forcés à s'expatrier par l'excès des impôts, les mauvaises loix et l'intolérance du gouvernement.

Oui, pour faire hausser les salaires, il suffit qu'il y en ait de plus forts à gagner, dans un lieu où le salarié peut se transporter.

On a sagement remarqué dans les discussions élevées sur le commerce des grains, que la seule liberté de les exporter, en soutenoit et fesoit hausser le prix, sans même qu'on en exportât un seul boisseau. Il en est de même pour les salaires. Les salariés européens ayant la facilité d'aller gagner en Amérique des salaires plus forts, obligeront ceux qui achètent leur travail de le leur payer un peu plus cher.

De là il s'ensuivra que ces deux causes du haussement de salaires, l'émigration réelle et la simple possibilité d'émigrer,
concourront

concourront à produire le même effet. L'action de chacune étant d'abord peu considérable, il y aura quelqu'émigration. Alors les salaires hausseront, et l'homme laborieux voyant augmenter son gain, n'aura plus de motif asez puissant pour émigrer.

Mais l'augmentation des salaires ne se fera pas sentir également chez les diverses nations de l'Europe. Elle sera plus ou moins considérable en raison de la facilité plus ou moins grande qu'on aura d'émigrer. L'Angleterre, dont les mœurs, la langue, la religion sont les mêmes que celles des Américains, doit naturellement participer à cet avantage plus qu'aucun autre état de l'Europe. On peut dire qu'elle doit déjà beaucoup à l'Amérique ; car ses rapports avec elle, le débouché qu'elle y a trouvé pour ses marchandises, et qui ont fait hausser les salaires des journaliers qui travaillent dans ses champs et dans ses manufactures, sont au nombre des principales causes de ses richesses, et de la puissance politique que nous lui voyons déployer.

Mais sans parler des autres avantages que peut procurer l'augmentation des salaires, il en est un bien précieux, que cette augmentation a produit en Angleterre : c'est celui d'y améliorer la condition de la classe d'hommes qui n'a que ses bras pour vivre, c'est-à-dire, de la partie la plus nombreuse de la société. Cette classe, réduite ailleurs à la subsistance la plus étroite, est en Angleterre dans une bien meilleure situation. Elle y obtient par son travail de quoi satisfaire aux premiers besoins plus abondamment que dans beaucoup d'autres parties de l'Europe ; et il n'est nullement douteux que ce ne soit l'effet de l'influence qu'a eue le commerce d'Amérique sur le taux des salaires.

Je sais qu'on peut dire que malgré l'accroissement du travail et des denrées en Europe, et malgré l'émigration qui peut avoir lieu, les mêmes causes dont nous avons fait mention, et qui ont tant fait baisser les salaires, continueront d'agir, parce que ces causes sont inhérentes aux constitutions européennes, dont la liberté et la prospérité de l'Amérique ne corrigeront point les vices. On dira peut-être encore que le nombre des propriétaires et des capitalistes, nombre si petit relativement à celui des hommes qui, n'ayant ni propriétés, ni capitaux, sont forcés de vivre de salaires, restera le même, parce que les causes qui réunissent les propriétés et les capitaux dans ses mains, ne changeront point, et que par conséquent il remettra, ou plutôt il tiendra les salaires très-bas. Enfin, on peut ajouter que la tyrannie des loix féodales, la forme des impôts, l'accroissement excessif du revenu public, la police du commerce, auront toujours les mêmes effets pour diminuer les salaires; et que quand même l'avantage que l'Europe retirera, à cet égard, de l'indépendance, seroit réel, il ne pourroit être durable.

A cela, il est aisé de faire plusieurs

réponses. — J'observerai d'abord que si ce sont les gouvernemens d'Europe qui s'opposent aux effets salutaires que l'indépendance de l'Amérique devroit naturellement produire chez eux, il n'en est pas moins intéressant de chercher à déterminer quels pourroient être ces effets. Peut-être viendra-t-il des temps plus heureux, où les vrais principes du bonheur des nations étant mieux connus, quelque souverain sera assez éclairé, assez juste pour les mettre en pratique.

On peut diminuer les causes qui accumulent et concentrent sans cesse les propriétés et les richesses en un petit nombre de mains. On peut abolir ou du moins adoucir beaucoup les restes de la féodalité. On peut changer la forme et modérer l'excès des impôts. On peut enfin, corriger la mauvaise police du commerce; et tout cela contribuera à faire profiter les salariés du changement favorable que la révolution d'Amérique doit naturellement occasionner.

Mais en admettant que toutes les causes

qu'on vient d'indiquer concourent à tenir encore en Europe, le travail des journaliers à bas prix, elles ne peuvent cependant qu'affoiblir l'influence de la prospérité américaine, et non en détruire totalement l'effet. Quand tout resteroit, d'ailleurs, dans le même état, il n'y en auroit pas moins une plus grande consommation, et conséquemment plus de travail à faire. Or, cette consommation et ce travail croissant sans cesse, à raison de l'accroissement de population et de richesses du nouveau monde, il en résultera nécessairement une augmentation de salaires en Europe; car les causes qui s'y opposent n'agiront pas avec plus de force qu'à présent.

DIALOGUE
ENTRE
LA GOUTTE ET FRANKLIN (1).

A Passy, le 22 octobre 1780.

FRANKLIN.

Eh! oh! eh! mon dieu! qu'ai-je fait pour mériter ces souffrances cruelles?

LA GOUTTE.

Beaucoup de choses. Vous avez trop mangé, trop bu et trop indulgé vos jambes en leur indolence.

FRANKLIN.

Qui est-ce qui me parle?

LA GOUTTE

C'est moi-même, la Goutte.

FRANKLIN.

Mon ennemie en personne.

(1) Cette pièce, et la suivante, ont été écrites en français par Franklin; aussi y trouvera-t-on divers anglicismes.

LA GOUTTE.

Pas votre ennemie.

FRANKLIN.

Oui, mon ennemie ; car non-seulement vous voulez me tuer le corps par vos tourmens ; mais vous tâchez aussi de détruire ma bonne réputation. — Vous me représentez comme un gourmand et un ivrogne ; et tout le monde qui me connoît sait qu'on ne m'a jamais accusé, auparavant, d'être un homme qui mangeoit trop ou qui buvoit trop.

LA GOUTTE.

Le monde peut juger comme il lui plaît. Il a toujours beaucoup de complaisance pour lui-même et quelquefois pour ses amis. Mais je sais bien moi, que ce qui n'est pas trop boire ni trop manger, pour un homme qui fait raisonnablement d'exercice, est trop pour un homme qui n'en fait point.

FRANKLIN.

Je prends—Eh ! eh ! —Autant d'exercice. — Eh ! — que je puis, madame la

Goutte. — Vous connoissez mon état sédentaire, et il me semble qu'en conséquence vous pourriez, madame la Goutte, m'épargner un peu, considérant que ce n'est pas tout-à-fait ma faute.

LA GOUTTE.

Point du tout. Votre rhétorique et votre politesse sont également perdues. Votre excuse ne vaut rien. Si votre état est sédentaire, vos récréations, vos amusemens doivent être actifs. Vous devez vous promener à pied ou à cheval; ou si le temps vous en empêche, jouer au billard.

Mais examinons votre cours de vie. Quand les matinées sont longues et que vous avez assez de temps pour vous promener, qu'est-ce que vous faites? — Au lieu de gagner de l'appétit pour votre déjeûner par un exercice salutaire, vous vous amusez à lire des livres, des brochures, ou des gazettes, dont la plupart n'en valent pas la peine. — Vous déjeûnez néanmoins largement. — Il ne vous faut pas moins de quatre tasses de thé à la crême, avec une ou deux tartines de pain et de beurre, couvertes de tranches de bœuf fumé, qui, je crois, ne sont pas les choses du monde les plus faciles à digérer.

Tout de suite, vous vous placez à votre bureau, vous y écrivez, ou vous parlez aux gens qui viennent vous chercher pour affaire. Cela dure jusqu'à une heure après-midi, sans le moindre exercice de corps.—Tout cela, je vous le pardonne, parce que cela tient, comme vous dites, à votre état sédentaire.

Mais après dîner, que faites-vous? Au lieu d'aller vous promener dans les beaux jardins de vos amis, chez lesquels vous avez dîné, comme font les gens sensés, vous voilà établi à l'échiquier, jouant aux échecs, où on peut vous trouver deux ou trois heures. C'est là votre récréation éternelle ; la récration, qui de toutes, est la moins propre à un homme sédentaire ; parce qu'au lieu d'accélérer le mouvement des fluides, ce jeu demande une attention si forte et si fixe que la circulation est retardée, et les secrétions internes empêchées. — Enveloppé dans les spéculations de ce misérable jeu, vous détruisez votre constitution.

Que peut-on attendre d'une telle façon de vivre, si non un corps plein d'humeurs stagnantes, prêtes à se corrompre, un corps prêt à tomber dans toute sorte de maladies dangereuses, si moi, la Goutte, je ne viens pas de temps en temps à votre secours, pour agiter ces humeurs et les purifier ou les dissiper?

Si c'étoit dans quelque petite rue ou dans quelque coin de Paris, dépourvu de promenades, que vous employassiez quelque temps aux échecs, après votre dîner, vous pourriez dire cela pour excuse. Mais c'est la même chose à Passy, à Auteuil, à Montmartre, à Épinay, à Sanoy, où il y a les plus beaux jardins et promenades, et belles dames, l'air le plus pur, les conversations les plus agréables, les plus instructives, que vous pouvez avoir tout en vous promenant.

Mais tout cela est négligé pour cet abominable jeu d'échecs. — Fi donc, monsieur Franklin ! — Mais en continuant mes instructions, j'oubliois de vous donner vos corrections. Tenez : cet élancement, et celui-ci.

FRANKLIN.

Oh ! eh ! oh ! ohhh ! — Autant que vous voudrez de vos instructions, madame la Goutte, même de vos reproches. Mais de grace, plus de vos corrections.

LA GOUTTE.

Tout au contraire : je ne vous rabattrois pas le quart d'une. Elles sont pour votre bien. Tenez.

FRANKLIN.

Oh ! ehhh ! — Ce n'est pas juste de dire que je ne prends aucun exercice. J'en fais souvent dans ma voiture, en allant dîner et en revenant.

LA GOUTTE.

C'est de tous les exercices imaginables, le plus léger, le plus insignifiant, que celui qui est donné par le mouvement d'une voiture suspendue sur des ressorts. En observant la quantité de chaleur obtenue de différentes espèces de mouvement, on peut former quelque jugement de la quantité d'exercice qui est donnée par chacun.

Si, par exemple, vous sortez en hiver, avec les pieds froids, en marchant une heure, vous aurez les pieds et tout le corps bien échauffés. — Si vous montez à cheval, il faut trotter quatre heures avant de trouver le même effet. Mais si vous vous placez dans une voiture bien suspendue, vous pourrez voyager tout une journée, et arriver à votre dernière auberge, avec vos pieds encore froids. — Ne vous flattez donc pas qu'en passant une demi-heure dans votre voiture, vous preniez de l'exercice.

Dieu n'a pas donné des voitures à roues à tout le monde : mais il a donné à chacun deux jambes, qui sont des machines infiniment plus commodes et plus serviables. Soyez en reconnoissant et faites usage des vôtres.

Voulez-vous savoir comment elles font circuler vos fluides en même-temps qu'elles vous transportent d'un lieu à l'autre ? Pensez que quand vous marchez, tout le poids de votre corps est jeté alternativement sur l'une et l'autre jambe. — Cela presse avec grande force les vaisseaux du pied et refoule ce qu'ils contiennent. Pendant que le poids est ôté de ce pied et jeté sur l'autre, les vaisseaux ont le temps de se remplir, et par le retour du poids, ce refoulement est répété.

Ainsi, la circulation du sang est accélérée en marchant. La chaleur produite en un certain espace de temps, est en raison de l'accélération. Les fluides sont battus, les humeurs atténuées, les secrétions facilitées, et tout va bien. Les joues prennent du vermeil et la santé est établie.

Regardez votre amie d'Auteuil, une femme qui a reçu de la nature plus de science vraiment utile, qu'une demi-douzaine ensemble de vous, philosophes prétendus, n'en avez tiré de vos livres. Quand elle voulut vous faire l'honneur de sa visite, elle vint à pied. Elle se promène du matin jusqu'au soir, et laisse toutes les maladies d'indolence en partage à ses chevaux. — Voilà comme elle conserve sa santé, même sa beauté. Mais vous, quand vous allez à Auteuil, c'est dans la voiture. Il n'y a cependant pas plus loin de Passy à Auteuil, que d'Auteuil à Passy.

FRANKLIN.

Vous m'ennuyez avec tant de raisonnemens.

LA GOUTTE.

Je le crois bien ! je me tais et je continue mon office. Tenez : cet élancement et celui-ci.

FRANKLIN.

Oh! oh! — Continuez de parler, je vous prie.

LA GOUTTE.

Non. J'ai un nombre d'élancemens à vous donner cette nuit, et vous aurez le reste demain.

FRANKLIN.

Bon dieu ! la fièvre ! je me perds ! eh ! eh ! n'y a-t-il personne qui puisse prendre cette peine pour moi ?

LA GOUTTE.

Demandez cela à vos chevaux. Ils ont pris la peine de marcher pour vous.

FRANKLIN.

Comment pouvez-vous être si cruelle de me tourmenter tant pour rien ?

LA GOUTTE.

Pas pour rien. J'ai ici une liste de tous vos péchés contre votre santé, distinctement écrite, et je peux vous rendre raison de tous les coups que je vous donne.

FRANKLIN.

Lisez-la donc.

LA GOUTTE.

C'est trop long à lire. Je vous en donnerai le montant.

FRANKLIN.

Faites-le. Je suis tout attention.

LA GOUTTE.

Souvenez-vous combien de fois vous vous êtes proposé de vous promener le matin suivant dans le bois de Boulogne, dans le jardin de la Muette, ou dans le vôtre, et que vous avez manqué de parole, alléguant quelquefois que le temps étoit trop froid; d'autres fois, qu'il étoit trop chaud, trop venteux, trop humide, ou quelqu'autre chose, quand, en vérité, il n'y avoit rien de trop qui empêchât, excepté votre trop de paresse.

FRANKLIN.

Je confesse que cela peut arriver quelquefois, peut-être pendant un an dix fois.

LA GOUTTE.

Votre confession est bien imparfaite. Le vrai montant est cent quatre-vingt-dix-neuf.

FRANKLIN.

Est-il possible?

LA GOUTTE.

Oui, c'est possible, parce que c'est un fait.

fait. Vous pouvez rester assuré de la justesse de mon compte. Vous connoissez les jardins de madame B...; comme ils sont bons à promener. Vous connoissez le bel escalier de cent cinquante degrés, qui mène de la terrasse en haut, jusqu'à la plaine en bas. — Vous avez visité deux fois par semaine cette aimable famille. C'est une maxime de votre invention, qu'on peut avoir autant d'exercice en montant et en descendant un mille en escalier qu'en marchant dix milles sur une plaine; quelle belle occasion vous avez eue de prendre tous les exercices ensemble! En avez-vous profité? et combien de fois?

FRANKLIN.

Je ne peux pas bien répondre à cette question.

LA GOUTTE.

Je répondrai donc pour vous. — Pas une fois.

FRANKLIN.

Pas une fois!

LA GOUTTE.

Pas une fois. Pendant tout le bel été passé vous y êtes arrivé à six heures. Vous y avez trouvé cette charmante femme et ses beaux enfans, et ses amis, prêts à vous accompagner dans ces promenades, et à vous amuser avec leurs agréables conversations. — Et qu'avez-vous fait? — Vous vous êtes assis sur la terrasse ; vous avez loué la belle vue, regardé la beauté des jardins en bas : mais vous n'avez pas bougé un pas pour descendre vous y promener. — Au contraire; vous avez demandé du thé et l'échiquier. Et vous voilà collé à votre siége jusqu'à neuf heures, et cela après avoir joué, peut-être deux heures, où vous avez dîné. Alors, au lieu de retourner chez vous à pied, ce qui pourroit vous remuer un peu, vous prenez votre voiture. — Quelle sottise de croire qu'avec tout ce déréglement, on peut se conserver en santé sans moi !

FRANKLIN.

A cette heure, je suis convaincu de la

justesse de cette remarque du bonhomme Richard, que nos dettes et nos péchés sont toujours plus qu'on ne pense.

LA GOUTTE.

C'est comme cela que vous autres philosophes avez toujours les maximes des sages dans votre bouche, pendant que votre conduite est comme celle des ignorans.

FRANKLIN.

Mais faites-vous un de mes crimes, de ce que je retourne en voiture de chez madame B...?

LA GOUTTE.

Oui, assurément; car vous, qui avez été assis toute la journée, vous ne pouvez pas dire que vous êtes fatigué du travail du jour. Vous n'avez donc pas besoin d'être soulagé par une voiture.

FRANKLIN.

Que voulez-vous donc que je fasse de ma voiture?

LA GOUTTE.

Brûlez-la si vous voulez. Alors vous

en tirerez au moins pour une fois de la chaleur. Ou, si cette proposition ne vous plaît pas, je vous en donnerai une autre. — Regardez les pauvres paysans, qui travaillent la terre dans les vignes et dans les champs autour des villages de Passy, Auteuil, Chaillot, etc. — Vous pouvez tous les jours parmi ces bonnes créatures, trouver quatre ou cinq vieilles femmes et vieux hommes, courbés et peut-être estropiés sous le poids des années et par un travail trop fort et continuel, qui, après une longue journée de fatigue, ont à marcher peut-être un ou deux milles pour trouver leurs chaumières. — Ordonnez à votre cocher de les prendre et de les mener chez eux. Voilà une bonne œuvre, qui fera du bien à votre ame! Et si, en même-temps, vous retournez de votre visite chez les B... à pied, cela sera bon pour votre corps.

FRANKLIN.

Oh! comme vous êtes ennuyeuse!

LA GOUTTE.

Allons donc à notre métier. Il faut vous

souvenir que je suis votre médecin. Tenez.

FRANKLIN.

Oh! oh! quel diable de médecin!

LA GOUTTE.

Vous êtes un ingrat de me dire cela! — N'est-ce pas moi qui, en qualité de votre médecin, vous ai sauvé de la paralysie, de l'hydropisie, de l'apoplexie, dont l'une ou l'autre vous auroient tué, il y a long-temps, si je ne les en avois empêchées.

FRANKLIN.

Je le confesse, et je vous remercie pour ce qui est passé. Mais, de grace, quittez-moi pour jamais; car il me semble qu'on aimeroit mieux mourir que d'être guéri si douloureusement. — Souvenez-vous que j'ai aussi été votre ami. Je n'ai jamais loué de combattre contre vous, ni les médecins, ni les charlatans d'aucune espèce : si donc vous ne me quittez pas, vous serez aussi accusable d'ingratitude.

LA GOUTTE.

Je ne pense pas que je vous doive grande obligation de cela. Je me moque des charlatans. Ils peuvent vous tuer, mais ils ne peuvent pas me nuire; et quant aux vrais médecins, ils sont enfin convaincus de cette vérité, que la goutte n'est pas une maladie, mais un véritable remède, et qu'il ne faut pas guérir un remède. — Revenons à notre affaire. Tenez.

FRANKLIN.

Oh! de grace, quittez-moi; et je vous promets fidèlement que désormais je ne jouerai plus aux échecs, que je ferai de l'exercice journellement, et que je vivrai sobrement.

LA GOUTTE.

Je vous connois bien. Vous êtes un beau prometteur : mais après quelques mois de bonne santé, vous recommencez à aller votre ancien train. Vos belles promesses seront oubliées comme on oublie les formes des nuages de la dernière année. — Allons donc, finissons notre compte; après cela je vous quitterai. Mais soyez assuré que je vous visiterai en temps et lieu : car c'est pour votre bien ; et je suis, vous savez, votre bonne amie.

LETTRE

A MADAME HELVÉTIUS (1).

Passy, 1781.

CHAGRINÉ de votre résolution prononcée si positivement hier au soir, de rester seule pendant la vie, en l'honneur de votre cher mari, je me retirai chez moi, et tombé sur mon lit, je me croyois mort et me trouvois dans les Champs-Élisées.

On m'a demandé si j'avois envie de voir quelques personnages particuliers. — Menez-moi chez les philosophes. — Il y en a deux qui demeurent ici-près dans ce jardin. Ils sont de très-bons voisins et très-amis l'un de l'autre. — Qui sont-ils? — Socrate et Helvétius. — Je les estime prodigieusement tous deux. Mais faites-

(1) Cette lettre, dont la copie, que nous avons, est de la main de Chamfort, a été écrite en français par Franklin : c'est pourquoi nous nous sommes fait un devoir de ne pas toucher au style. (*Note du Traducteur.*)

moi voir premièrement Helvétius, parce que j'entends un peu le françois et pas un mot de grec. Il m'a reçu avec beaucoup de courtoisie; m'ayant connu, disoit-il, de réputation, il y a quelque temps, et m'a demandé mille choses sur la guerre et sur l'état présent de la religion, de la liberté et du gouvernement en France.

Vous ne me demandez donc rien de votre chère amie madame Helvétius? et cependant elle vous aime encore excessivement, et il n'y a qu'une heure que j'étois chez elle. — Ah! dit-il, vous me faites souvenir de mon ancienne félicité, mais il faut l'oublier pour être heureux ici. Pendant plusieurs des premières années, je n'ai pensé qu'à elle. Enfin je suis consolé. J'ai pris une autre femme, la plus semblable à elle que j'aie pu trouver. Elle n'est pas, il est vrai, tout-à-fait si belle, mais elle a autant de bon sens et d'esprit et elle m'aime infiniment. Son étude continuelle est de me plaire, et elle est sortie actuellement pour chercher le meilleur nectar, la meilleure ambroisie et me régaler ce soir. Restez chez moi et vous la verrez. — J'apperçois, disois-je, que votre ancienne amie est plus fidèle que vous : car plusieurs bons partis lui ont été offerts, et elle les a refusés tous. Je vous confesse que je l'ai aimée, moi, à la folie ; mais elle a été dure à mon égard et m'a rejeté absolument pour l'amour de vous. — Je plains, dit-il, votre malheur, car vraiment c'est une bonne et belle femme et bien aimable. Mais l'abbé Lar... et l'abbé M... ne sont-ils pas encore quelquefois chez elle ? — Oui, assurément, car elle n'a pas perdu un seul de vos amis. — Si vous aviez engagé l'abbé M..., avec du café à la crême, à parler pour vous, peut-être auriez-vous réussi. Car c'est un raisonneur subtil comme Jean Scot ou St.-Thomas. Il met ses argumens en si bon ordre, qu'ils deviennent presqu'irrésistibles ; ou si l'abbé Lar... avoit été gagné par quelque belle édition d'un vieux classique pour parler contre vous, cela auroit été mieux, car j'ai toujours observé que quand il conseille quelque chose, elle a un penchant très-fort à faire le revers.

A ces mots, entre la nouvelle madame Helvétius avec le nectar. A l'instant, je la reconnus pour être madame Franklin mon ancienne amie américaine. Je la réclamai, mais elle me dit froidement : « J'ai été votre bonne femme quarante-neuf années et quatre mois, presqu'un demi-siècle. Soyez content de cela. J'ai formé ici une nouvelle liaison qui durera l'éternité ». Mécontent de ce refus de mon Euridice, je pris sur-le-champ la résolution de quitter ces ombres ingrates et de revenir en ce bon monde revoir le soleil et vous. Me voici. Vengeons-nous.

B. Franklin.

LE PAPIER,
POËME.

Un de ces anciens beaux esprits, dont les idées étoient pleines de sens et les allusions ingénieuses, voulant marquer toute espèce d'homme d'un trait caractéristique, disoit que l'ame d'un enfant étoit un papier blanc, sur lequel le sentiment écrivoit bientôt ses principes, auxquels la vertu mettoit le sceau, ou que le vice effaçoit.

Cette idée étoit heureuse et vraie. Il me semble qu'un homme de génie pourroit encore l'étendre; et moi, pardon de tant d'orgueil! moi, qui ne suis ni homme de génie, ni bel esprit, je vais l'essayer.

Il y a diverses sortes de papiers, parce qu'il y a des besoins divers, qui sont ceux de l'élégance, de la mode, de l'usage. — Les hommes ne sont pas moins divers; et si je ne me trompe, chaque sorte de papier représente quelqu'homme.

Examinez, je vous prie, un fat, bien poudré, couvert de broderie, et aussi délicat que s'il sortoit d'une boîte de carton, n'est-ce pas le papier doré, que vous dérobez au vulgaire, et mettez en réserve dans votre bureau ?

Les artisans, les domestiques, les agriculteurs ne sont-ils pas le papier commun, qu'on prise moins, mais qui est bien plus utile, que vous laissez sur votre pupitre, et qui offert à toutes les plumes, sert à chaque instant du jour.

Le malheureux que son avarice force à s'épargner les choses nécessaires, à pâtir, à fourber, à friponner, pour enrichir un héritier, est le gros papier gris, employé par les petits marchands pour envelopper des choses, dont se servent des hommes qui valent mieux qu'eux.

Voyez ensuite le contraste de l'avare. Il perd sa santé, sa réputation, sa fortune au milieu des plaisirs. Y a-t-il quelque papier qui lui ressemble ? Oui, sans doute, c'est le papier qui boit.

L'inquiet politique croit ce côté toujours exempt d'erreur et cet autre toujours faux. Il critique avec fureur ; il applaudit avec rage. Dupe de tous les bruits populaires, et instrument des fripons, il ne faut pas que l'impression annonce sa foiblesse. Il est ce bonnet de papier, qu'on appelle *un bonnet d'âne.*

L'homme prompt et colère, dans les veines duquel le sang court avec vivacité, qui vous cherche querelle si vous marchez de travers, et ne peut endurer une plaisanterie, un mot, un regard, qu'est-il ? Quoi ? Le papier de trace assurément.

Que dites-vous de nos poëtes, tous tant qu'ils sont, bons, mauvais, riches, pauvres, beaucoup lus, ou point lus du tout ? Vous pouvez mettre ensemble et eux, et leurs ouvrages : c'est de tous les papiers le plus inutile (1).

(1) Il y a dans l'original, la plus pauvre de toutes les *maculatures*. La maculature est une feuille de gros papier gris, qui sert d'enveloppe à une rame d'autre papier. (*Note du Traducteur.*)

Contemplez la jeune et douce vierge. Elle est belle comme une feuille de papier blanc, que rien n'a encore souillé : l'homme heureux que le destin favorise, peut y écrire son nom et la prendre pour sa peine.

Encore une comparaison : je n'en veux plus faire qu'une. L'homme sage, qui méprise les petitesses, et dont les pensées, les actions, les maximes sont à lui, et n'ont pour principe que les sentimens de son cœur, cet homme, dis-je, est le papier-vélin, qui de tous les papiers est le plus beau, le meilleur, le plus précieux.

CONTE.

Jacques Montresor étoit un brave officier, point bigot mais très-honnête homme. Il tomba malade. Le curé de sa paroisse croyant qu'il alloit mourir, courut chez lui, et lui conseilla de faire sa paix avec Dieu, afin d'être reçu en paradis.

« Je ne suis pas inquiet sur cela, lui
» dit Montresor; car j'ai eu, la nuit der-
» nière, une vision, qui m'a tout-à-
» fait tranquillisé ». — Et qu'est-ce que cette vision, demanda le bon curé? —
« J'étois, répliqua Montresor, à la porte
» du paradis, avec une foule de gens,
» qui vouloient entrer. Saint-Pierre leur
» demanda de quelle religion ils étoient.
» — Je suis catholique romain, répondit
» l'un. — Eh bien! entrez et prenez votre
» place parmi les catholiques, lui dit
» Saint-Pierre. — Un autre cria qu'il
» étoit de l'église anglicane. — Placez-
» vous avec les anglicans, répondit le
» Saint.

» Saint. — Moi je suis quaker, dit gra-
» vement un troisième.— Entrez où sont
» les quakers, fut la réponse de l'apôtre.
» — Enfin, il me demanda quelle étoit ma
» religion. — Hélas ! lui répondis-je,
» le pauvre Jacques Montresor n'en a
» malheureusement aucune. — C'est
» dommage, dit Saint-Pierre. Je ne
» sais où vous placer : mais entrez
» toujours; vous vous mettrez où vous
» pourrez (1) ».

(1) Voici une imitation heureuse, que le citoyen Parny a faite de ce joli conte de Franklin.

Abandonnant la terrestre demeure,
Un jour, dit-on, six hommes vertueux,
Morts à-la-fois, vinrent à la même heure,
Se présenter à la porte des cieux.
L'Ange paroît, demande à chacun d'eux
Quel est son culte; et le premier s'approche,
Disant : — « Tu vois un bon Mahométan ».

L'ANGE.

Entre mon cher, et tournant vers ta gauche,
Tu trouveras le quartier Musulman.

LE SECOND.

Moi, je suis Juif.

FRAGMENT
DE LA SUITE DES MÉMOIRES
DE FRANKLIN (1).

Ce fut vers ce temps que je formai le hardi et difficile projet de parvenir à la perfection morale. Je désirois de passer ma vie sans commettre aucune faute dans aucun moment; je voulois me rendre maître de tout ce qui pouvoit m'y entraîner : la pente naturelle, la société, ou l'usage. Comme je connoissois, ou croyois connoître, le bien et le mal, je ne voyois pas pourquoi je ne pouvois pas toujours faire l'un et éviter l'autre; mais je m'apperçus bientôt que j'avois entrepris une tâche plus difficile que je ne

---

(1) Ce morceau qui se rapporte à l'année 1730 ou 1731, et fait suite à ce que Franklin a écrit des Mémoires de sa Vie, a été tiré, à Philadelphie, d'un manuscrit prêté au citoyen Delessert. Ce dernier, qui l'a déjà fait insérer dans la *Décade*, a bien voulu permettre qu'il reparût ici.

l'avois d'abord imaginé. Pendant que j'appliquois mon attention, et que je mettois mes soins à me préserver d'une faute, je tombois souvent, sans m'en appercevoir, dans une autre : l'habitude se prévaloit de mon inattention, ou bien le penchant étoit trop fort pour ma raison.

Je conclus à la fin que quoiqu'on fût spéculativement persuadé qu'il est de notre intérêt d'être complétement vertueux, cette conviction étoit insuffisante pour prévenir nos faux pas ; qu'il falloit rompre les habitudes contraires, en acquérir de bonnes et s'y affermir, avant de pouvoir compter sur une constante et uniforme rectitude de conduite : en conséquence, pour y parvenir, j'imaginai la méthode suivante.

Dans les différentes énumérations des vertus morales que j'avois vues dans mes lectures, le catalogue étoit plus ou moins nombreux, suivant que les écrivains renfermoient plus ou moins d'idées sous la même dénomination. La *tempérance*, par exemple, suivant quelques-uns, n'avoit de rapport qu'au manger et au boire, tandis que d'autres en étendoient le sens jusqu'à la modération dans tous les autres plaisirs, dans tous les appétits, inclinations ou passions du corps ou de l'ame, et même jusqu'à l'avarice et l'ambition. Je me proposai, pour plus de clarté, de faire plutôt usage d'un plus grand nombre de mots, en attachant à chacun peu d'idées, que de me servir de moins de termes, en les liant à plus d'idées. Je renfermai sous treize noms de vertus, toutes celles qu'alors je regardois comme nécessaires ou désirables, et j'attachai à chacune d'elles un court précepte qui montroit pleinement l'étendue que je donnois à leur signification.

Voici ces noms de vertus avec leur précepte :

1. SOBRIÉTÉ. Ne mangez pas jusqu'à être appesanti ; ne buvez pas assez pour que votre tête en soit affectée.

2. SILENCE. Ne dites que ce qui peut être utile aux autres et à vous-mêmes. Évitez les conversations frivoles.

3. ORDRE. Que chaque chose ait chez

vous sa place, et chaque partie de vos affaires son temps.

4. RÉSOLUTION. Soyez résolu de faire ce que vous devez, et faites, sans y manquer, ce que vous avez résolu.

5. ÉCONOMIE. Ne faites aucune dépense que pour le bien des autres ou pour le vôtre, c'est-à-dire, ne dépensez rien mal à propos.

6. APPLICATION. Ne perdez point de temps; soyez toujours occupé à quelque chose d'utile; abstenez-vous de toute action qui ne l'est pas.

7. SINCÉRITÉ. N'usez d'aucuns déguisemens nuisibles ; que vos pensées soient innocentes et justes, et conformez-vous y quand vous parlez.

8. JUSTICE. Ne nuisez à personne, soit en lui fesant du tort, soit en négligeant de lui faire le bien auquel vous oblige votre devoir.

9. MODÉRATION. Évitez les extrêmes; gardez-vous de vous offenser des torts d'autrui, autant que vous croyez en avoir sujet.

10. Propreté. Ne souffrez aucune malpropreté sur votre corps, sur vos habits et dans votre maison.

11. Tranquillité. Ne vous laissez troubler ni par des bagatelles, ni par des accidens ordinaires ou inévitables.

12. Chasteté. Livrez-vous rarement aux plaisirs de l'amour, n'en usez que pour votre santé, ou pour avoir des descendans, jamais au point de vous abrutir ou de perdre vos forces, et jusqu'à nuire au repos et à la réputation de vous ou des autres.

13. Humilité. Imitez Jésus et Socrate.

Mon intention étant d'acquérir l'habitude de toutes ces vertus, je pensai qu'il seroit bon, au lieu de diviser mon attention en entreprenant de les acquérir toutes à-la-fois, de la fixer pendant un temps sur une d'elles; et lorsque je m'en serois assuré, de passer à une autre, et ainsi de suite, jusqu'à ce que je les eusse parcourues toutes les treize. Et comme l'acquisition préalable de quelques-unes, pouvoit faciliter celle de quelques autres, je les rangeai dans cette vue comme on vient de voir : la *sobriété* étoit la première, parce qu'elle tend à procurer le sang-froid et la netteté de tête si nécessaires lorsqu'il faut observer une vigilance constante, et se tenir en garde contre l'attrait toujours subsistant des anciennes habitudes, et la force des tentations continuelles.

Cette vertu une fois obtenue et affermie, le *silence* devenoit beaucoup plus aisé. Mon désir étant d'acquérir des connoissances en même-temps que je me perfectionnois dans la vertu, je considérai que, dans la conversation, on y parvenoit plutôt par le secours de l'oreille que par celui de la langue; et voulant, en conséquence, rompre l'habitude qui me gagnoit de babiller, de faire des pointes et des plaisanteries qui ne pouvoient me rendre admissible que dans des compagnies frivoles, je donnai la seconde place au *silence*.

J'espérois par son moyen, et avec l'*ordre* qui vient après, obtenir plus de temps pour suivre mon projet et mes études. La *résolution* une fois devenue habituelle, devoit m'affermir dans mes efforts pour obtenir les autres vertus. *L'économie* et *l'application* en me délivrant de ce qui me restoit de dettes, et me procurant l'abondance et l'indépendance, devoient me rendre plus aisée la pratique de la *sincérité* et de la *justice*, etc, etc.

Je conclus alors que, conformément aux avis de Pythagore, contenus dans ses vers d'or, un examen journalier étoit nécessaire, et pour le diriger j'imaginai la méthode suivante :

Je fis un petit livre dans lequel j'assignai pour chacune des vertus, une page que je réglai avec de l'encre rouge, de manière qu'elle eût sept colonnes, une pour chaque jour de la semaine, que je marquai de la lettre initiale de ce jour ; je fis sur ces colonnes treize lignes rouges transversales, plaçant au commencement de chacune, la première lettre d'une des vertus. Dans cette ligne, et la colonne convenable, je pouvois marquer avec un petit trait d'encre toutes les fautes que, d'après mon examen, je reconnoîtrois avoir commis ce jour-là contre cette vertu.

FORME DES PAGES.
SOBRIÉTÉ.

Ne mangez pas jusqu'à être appesanti; ne buvez pas jusqu'à ce que votre tête soit affectée.

	Dim.	Lun.	Mar.	Mer.	Jeu.	Ven.	Sam.
Sobriété							
Silence							
Ordre							
Résolution							
Economie							
Application							
Sincérité							
Justice							
Modération							
Propreté							
Tranquillité							
Chasteté							
Humilité							

Je pris la résolution de donner, pendant une semaine, une attention rigoureuse à chacune des vertus succcessivement. Ainsi dans la première, je pris grand soin d'éviter de donner la plus légère atteinte à la *sobriété*, abandonnant les autres vertus à leur chance ordinaire; seulement je marquois chaque soir les fautes du jour : ainsi dans le cas où j'aurois pu, pendant la première semaine, tenir nette ma première ligne marquée *sobriété*, je regardois l'habitude de cette vertu comme assez fortifiée, et ses ennemis, les penchans contraires, assez affoiblis pour pouvoir hasarder d'étendre mon attention, d'y réunir la suivante, et d'obtenir la semaine d'après deux lignes exemptes de marques.

En procédant ainsi jusqu'à la dernière, je pouvois faire un cours complet en treize semaines, et quatre cours en un an; de même que celui qui a un jardin à mettre en ordre, n'entreprend pas d'arracher toutes les mauvaises herbes en une seule fois, ce qui excéderoit le pouvoir de ses bras et de ses forces, il ne travaille en même-temps que sur une planche, et lorsqu'il a fini la première, il passe à une seconde. Je devois jouir (je m'en flattois du moins) du plaisir encourageant de voir sur mes pages mes progrès dans la vertu, en effaçant successivement les marques de mes lignes, jusqu'à ce qu'à la fin, après plusieurs répétitions, j'eusse le bonheur de voir mon livre entièrement blanc, au bout d'un examen journalier de treize semaines.

Mon petit livre avoit pour épigraphe ces vers du Caton d'Addison.

Here will I hold : if there is a power above us
(And that there is, all nature cries aloud
Thro' all her works) he must delight in virtue,
And that which he delights in, must be happy.

« Je persévérerai : s'il y a un pouvoir
» au-dessus de nous (et la nature en-
» tière crie à haute voix dans toutes ses
» œuvres qu'il y en a un), la vertu doit
» faire ses délices, et ce qui fait ses dé-
» lices doit être le bonheur. »

Un autre de Cicéron.

O vitæ Philosophia dux ! ô virtutum indagatrix, expultrixque vitiorum ! Unus dies benè et ex præceptis tuis actus peccanti immortalitati est anteponendus.

« O philosophie ! guide de la vie,
» source des vertus et fléau des vices!
» Un seul jour employé au bien, et sui-
» vant tes préceptes, est préférable à
» l'immortalité passée dans le vice. »

Un autre, d'après les proverbes de Salomon, parlant de la sagesse et de la vertu.

« La longueur des jours est dans sa
» main droite, et dans sa gauche la ri-
» chesse et les honneurs; ses voies sont
» des voies de douceur, et tous ses sen-
» tiers sont ceux de la paix ». *Prov. ch.
III. v. 16 et 17.*

Et considérant Dieu comme la source de la sagesse, je pensai qu'il étoit juste et nécessaire de solliciter son assistance pour l'obtenir. Je composai en conséquence la courte prière qui suit, et je la mis en tête de mes tables d'examen, pour m'en servir tous les jours.

« O bonté puissante ! père bienfaisant !
» guide miséricordieux, augmente en
» moi la sagesse pour que je puisse con-
» noître mes vrais intérêts ; fortifie ma
» résolution pour exécuter ce qu'elle
» prescrit, agrée mes bons offices à l'égard
» de tes autres enfans, comme le seul
» acte de reconnoissance qui soit en mon
» pouvoir pour les faveurs continuelles
» que tu m'accordes. »

Je me servois aussi de cette prière, tirée des poëmes de Thompson.

Father of light and life, thou Good supreme !
O Teach me what is Good, teach me thyself.
Save me from folly, vanity, and vice,
From every low pursuit, and fill my soul
With knowledge, conscious paece and virtue pure,
Sacred, substantial, never fading bliss.

« Père de la lumière et de la vie ! O
» toi, le bien suprême ! instruis-moi de
» ce qui est bien, instruis-moi de toi-
» même ; sauve-moi de la folie, de la
» vanité, du vice, de toutes les incli-
» nations basses, et remplis mon ame
» de savoir, de paix intérieure, et de

« vertu pure ; bonheur sacré, véritable,
« et qui ne se ternit jamais. »

Le précepte de l'*ordre* demandant que chaque partie de mes affaires eût son temps assigné, une page de mon livret contenoit le plan qui suit pour l'emploi des vingt-quatre heures du jour naturel.

PLAN pour l'emploi des 24 heures du jour naturel.

Question du matin : Quel bien puis-je faire aujourd'hui ?

5.
6. } En me levant, me laver et invoquer la bonté su-
7. } prême, régler les affaires et prendre les résolu-
    } tions du jour, continuer les études actuelles, dé-
    } jeûner.

8.
9. } Travail.
10.
11.

midi. } Lecture, ou examen de mes comptes, et dîner.
1.

2.
3. } Travail.
4.
5.

6.
7. } Ranger tout à sa place, souper, musique ou
8. } récréation, ou conversation, examen du jour.
9.

10.
11.
minui. } Sommeil.
1.
2.
3.
4.

Question du soir : Quel bien ai-je fait aujourd'hui ?

J'entamai

J'entamai l'exécution de ce plan par mon examen, et je continuai pendant un certain temps, l'interrompant dans quelques occasions. Je fus surpris de trouver combien j'étois plus rempli de défauts que je ne l'avois imaginé; mais j'eus la satisfaction de les voir diminuer.

Pour éviter l'embarras de renouveler, de temps en temps, mon livret, qui, en grattant le papier pour effacer les marques des vieilles fautes, afin de faire place aux nouvelles dans un nouveau cours, étoit devenu rempli de trous, je transcrivis mes tables et mes préceptes sur les feuilles d'ivoire d'un souvenir: les lignes y furent tracées, d'une manière durable, avec de l'encre rouge, et j'y marquai mes fautes avec un crayon de mine de plomb, dont je pouvais effacer les traces aisément, en y passant une éponge mouillée.

Après un temps, je ne fis plus qu'un cours pendant l'année, et, par la suite,

Tome II. C c

un seul en plusieurs années, jusqu'à ce qu'à la fin je n'en fisse plus du tout, étant employé, hors de chez moi, par des voyages, des occupations et une multitude d'affaires. Cependant, je portois toujours mon petit livre avec moi. Mon projet d'*ordre* me donna le plus de peine, et je trouvai que, quoiqu'il fût praticable, lorsque les affaires d'un homme sont de nature à lui laisser la disposition de son temps, comme celles d'un ouvrier imprimeur, par exemple, il ne l'étoit plus pour un maître, qui doit avoir des relations avec le monde, et recevoir souvent les gens à qui il a affaire, à l'heure qui leur convient. Je trouvai très-difficile aussi d'observer l'*ordre*, en mettant à leur place les effets, les papiers, etc. Je n'avois pas été accoutumé, de bonne heure, à cette règle; et, comme j'avois une excellente mémoire, je sentois peu l'inconvénient qui résulte de manquer d'ordre. Cet article me contraignit à une attention pénible; mes fautes, à cet égard, me tourmentèrent tellement, mes progrès étoient si foibles et mes rechutes si fréquentes, que je me décidai presque à prendre mon parti sur ce défaut.

Quelque chose aussi, qui prétendoit être la raison, me suggéroit, de temps en temps, que cette extrême délicatesse, que j'exigeois de moi-même, pouvoit bien être une espèce de sottise en morale, qui me rendroit ridicule, si elle étoit connue; qu'un caractère parfait pourroit éprouver l'inconvénient d'être un objet d'envie et de haine, et que celui qui veut le bien, doit se souffrir un petit nombre de défauts, pour mettre ses amis à leur aise.

Dans le vrai, je me trouvai incorrigible, par rapport à *l'ordre*; et à présent que je suis devenu vieux, et que ma mémoire est mauvaise, j'en sens vivement le besoin; mais, après tout, quoique je ne sois jamais arrivé à la perfection à laquelle j'avois tant d'envie de parvenir, et que j'en sois même resté bien loin, cependant, mes efforts m'ont rendu meilleur et plus heureux que je n'aurois été, si je n'avois pas formé cette entreprise; comme celui qui tâche de se faire une écriture parfaite, en imitant un exemple gravé, quoiqu'il ne puisse jamais atteindre la même perfection; néanmoins, les efforts qu'il fait rendent sa main meilleure et son écriture passable.

Il peut être utile, à ma postérité, de savoir que c'est à ce petit artifice, à l'aide de Dieu, que leur ancêtre a dû le bonheur constant de sa vie, jusqu'à sa soixante et dix-neuvième année, pendant laquelle ceci est écrit. Les revers, qui peuvent accompagner le reste de ses jours, sont entre les mains de la Providence; mais, s'ils arrivent, la pensée de son bonheur passé doit l'aider à les supporter avec résignation. Il attribue, à la *sobriété*, sa longue et constante santé, et ce qui lui reste encore d'une bonne constitution; à *l'application* et à *l'économie*, l'aisance qu'il s'est procurée de bonne heure, l'acquisition de sa fortune, et des connoissances qui l'ont mis en état d'être un citoyen utile, et lui ont donné quelque réputation parmi les savans; à la *sincérité* et à la *justice*, la confiance de son pays, et les emplois honorables dont on l'a revêtu. Enfin, c'est à l'influence de toutes ces vertus, quelqu'imparfaitement qu'il ait pu les atteindre, qu'il croit devoir cette égalité d'humeur et cette gaieté dans la conversation, qui fait encore rechercher sa compagnie, même par des gens plus jeunes que lui. Il espère que quelques-uns de ses descendans suivront cet exemple, et s'en trouveront bien.

On remarquera que, quoique mon plan ne fût pas entièrement sans rapport avec la religion, il ne s'y trouvoit pas de traces d'aucun dogme : je l'avois évité à dessein, car j'étois persuadé de l'utilité et de l'excellence de ma méthode ; je croyois qu'elle devoit être utile aux hommes, quelle que fût leur religion, et me proposois de la publier quelque jour.

J'avois dessein d'écrire un petit commentaire sur chaque vertu, dans lequel j'aurois fait voir l'avantage de les posséder, et les maux qui suivent les vices qui leur sont opposés ; j'aurois intitulé mon livre : *l'Art de la Vertu*, parce qu'il auroit montré les moyens et la manière d'acquérir la vertu, ce qui l'auroit distingué d'une simple exhortation qui, n'indiquant pas les moyens de parvenir à être homme de bien, ressemble au langage de celui dont, pour employer l'expression d'un apôtre, la charité n'est qu'en paroles, et qui, sans montrer à ceux qui sont nuds et qui ont faim, les moyens d'avoir des habits et des vivres, les exhorte à se nourrir et à s'habiller. (Jacques, chapitre XI, vers. 15, 16).

Mais les choses ont tourné, de manière que mon intention d'écrire et de publier ce commentaire, n'a jamais été remplie. De temps en temps, à la vérité, je mettois, par écrit, de courtes notes sur les sentimens, les raisonnemens, etc. que j'y devois employer, et j'en ai encore quelques-unes; mais l'attention particulière qu'il m'a fallu donner, dans les premières années de ma vie, à mes affaires personnelles, et, depuis, aux affaires publiques, m'ont obligé de le remettre à d'autre temps ; et, comme il est lié, dans mon esprit, avec un grand et vaste projet, dont l'exécution demande un homme tout entier, et dont une succession imprévue d'emplois m'a empêché de m'occuper jusqu'à présent, il est resté imparfait.

J'avois dessein de prouver, dans cet ouvrage, qu'en considérant seulement la nature de l'homme, les actions vicieuses n'étoient pas nuisibles, parce qu'elles étoient défendues, mais qu'elles sont défendues, parce qu'elles sont nuisibles; qu'il est de l'intérêt, de ceux même qui ne souhaitent que le bonheur d'ici-bas, d'être vertueux; et, considérant qu'il y a toujours, dans le monde, beaucoup de riches commerçans, de princes, de républiques, qui ont besoin, pour l'administration de leurs affaires, d'agens honnêtes, et qu'ils sont rares, j'aurais entrepris de convaincre les jeunes gens, qu'il n'y a point de qualités plus capables de conduire un homme pauvre à la fortune, que la probité et l'intégrité.

Ma liste des vertus n'en contenoit d'abord que douze; mais un quaker de mes amis m'avertit, avec bonté, que je passois généralement pour être orgueilleux; que j'en donnois souvent des preuves; que, dans la conversation, non content d'avoir raison lorsque je disputois quelque point, je voulois encore prouver aux autres qu'ils avoient tort; que j'étois, de plus, insolent; ce dont il me convainquit, en m'en rapportant différens exemples. Je résolus d'entreprendre de me guérir, s'il étoit possible, de ce vice ou de cette folie, en même temps que des autres, et j'ajoutai sur ma liste *l'humilité*.

Je ne puis pas me vanter d'un grand succès pour l'acquisition réelle de cette vertu; mais j'ai beaucoup gagné, quant à son apparence. Je me prescrivis la règle d'éviter de contredire directement l'opinion des autres, et je m'interdis toute assertion positive en faveur de la mienne. J'allai même, conformément aux anciennes loix de notre *Junto* (1), jusqu'à m'interdire l'usage d'aucune expression qui marquât une opinion définitivement arrêtée, comme *certainement*, *indubitablement*, et j'adoptai, à leur place : *je conçois, je soupçonne*, ou *j'imagine* qu'une chose est ainsi, ou *il me paroît, en ce moment, que*.—Quand quelqu'un affirmoit une chose qui me

(1) Nom du club formé à Philadelphie par Franklin.

paroissoit être une erreur, je me refusois le plaisir de le contredire brusquement, et de lui montrer sur-le-champ quelqu'absurdité dans sa proposition; et, dans ma réponse, je commençois par observer que, dans certains cas ou certaines circonstances, son opinion seroit juste; mais que, dans celle dont il étoit question, il *me sembloit* qu'il y avoit quelque différence, etc.

Je reconnus bientôt l'avantage de ce changement dans mes manières : les conversations dans lesquelles je m'engageois, en devinrent plus agréables; le ton modeste avec lequel je proposois mes opinions, leur procuroit un plus prompt accueil et moins de contradictions; je n'éprouvois pas autant de mortifications, lorsqu'il se trouvoit que j'avois tort, et j'obtenois plus facilement des autres, d'abandonner leurs erreurs et de se réunir à moi, lorsqu'il arrivoit que j'avois raison.

Cette disposition, à laquelle je ne pus

pas d'abord m'assujétir sans faire quelque violence à mon penchant naturel, me devint, à la fin, si facile et si habituelle, que personne, depuis cinquante ans peut-être, n'a pu, je crois, s'appercevoir qu'il me soit échappé une seule expression tranchante. C'est à cette habitude, jointe à ma réputation d'intégrité, que je dois principalement d'avoir obtenu, de bonne heure, une grande confiance parmi mes concitoyens, lorsque je leur ai proposé de nouvelles institutions, ou quelques changemens aux anciennes, et une si grande influence dans les assemblées publiques, lorsque j'en suis devenu membre ; car je n'étois qu'un mauvais orateur, jamais éloquent, souvent sujet à hésiter, rarement correct dans mes expressions, et cependant, je fesois généralement prévaloir mon avis.

Aucune de nos dispositions naturelles n'est peut-être plus difficile à dompter que *l'orgueil*. Qu'on le mortifie, qu'on lui fasse la guerre, qu'on le terrasse, qu'on l'étouffe vivant, il perce de nouveau ; il se montre de temps en temps. Vous l'appercevrez, sans doute, souvent dans cette histoire, peut-être au moment même où je parle de le subjuguer, et vous pourrez me retrouver orgueilleux jusque dans mon humilité.

LE CHEMIN DE LA FORTUNE,

ou

LA SCIENCE

DU BONHOMME RICHARD (1).

Bénévole lecteur!

J'ai ouï dire que rien ne fait autant de plaisir à un auteur que de voir ses ouvrages respectueusement cités par d'autres écrivains. Jugez donc combien je dus être content d'une aventure que je vais vous rapporter.

Passant dernièrement à cheval dans un endroit, où il y avoit beaucoup de monde rassemblé pour une vente publique, je m'arrêtai. Il n'étoit pas encore l'heure de faire la vente, et en attendant qu'on

(1) Cet ouvrage a déjà été traduit : mais il est si intéressant, que j'ai cru devoir en donner une traduction nouvelle. (*Note du Traducteur.*)

commençât, la compagnie causoit sur la dureté des temps. Quelqu'un s'adressant à un homme à cheveux blancs, simplement et proprement mis, lui dit :— « Et
» vous, père Abraham, que pensez-vous
» de ce temps-ci ? Ne croyez-vous pas
» que le fardeau des impôts ruinera en-
» tièrement le pays ? Car comment fe-
» rons-nous pour les payer ? Que nous
» conseillez-vous ? »

Le père Abraham se leva et répondit :
— « Si vous voulez savoir ma façon de
» penser, je vais vous la dire briève-
» ment ; car un mot suffit à qui sait en-
» tendre, comme dit le bonhomme Ri-
» chard ». — Tout le monde se réunit pour engager le père Abraham à parler, et l'assemblée ayant formé un cercle autour de lui, il tint le discours suivant :

« Mes amis, il est certain que les im-
» pôts sont très-lourds. Si nous n'avions
» à payer que ceux que le gouverne-
» ment met sur nous, nous pourrions
» les trouver moins considérables : mais
» nous en avons beaucoup d'autres, qui

» sont bien plus onéreux pour quelques-
» uns d'entre nous. L'impôt de notre
» paresse nous coûte le double de la
» taxe du gouvernement; notre orgueil
» le triple, et notre folie le quadruple.
» Ces impôts sont tels, qu'il n'est pas
» possible aux commissaires d'y faire la
» moindre diminution. Cependant, si
» nous voulons suivre un bon conseil, il
» y a encore quelqu'espoir pour nous.
» Dieu aide ceux qui s'aident eux-
» mêmes, comme dit le bonhomme Ri-
» chard.

» S'il existoit un gouvernement, qui
» obligeât les sujets à donner la dixième
» partie de leur temps pour son service,
» on le trouveroit assurément très-dur :
» mais la plupart d'entre nous sont taxés
» par leur paresse d'une manière beau-
» coup plus forte. La paresse occasionne
» des incommodités et raccourcit néces-
» sairement la vie. La paresse, semblable
» à la rouille, use bien plus prompte-
» ment que le travail : mais la clef,
» dont on se sert est toujours claire,

» comme dit encore le bonhomme Ri-
» chard. — Si vous aimez la vie, ne pro-
» diguez pas le temps; car, comme dit en-
» core le bonhomme Richard, c'est l'é-
» toffe dont la vie est faite. Nous donnons
» au sommeil bien plus de temps qu'il ne
» faut, oubliant que le renard qui dort
» n'attrape point de poules, et que nous
» aurons assez le temps de dormir dans
» la tombe, comme dit le bonhomme
» Richard.

» Si le temps est la plus précieuse de
» toutes les choses, prodiguer le temps
» doit être, comme dit le bonhomme
» Richard, la plus grande des prodiga-
» lités; puisque, comme il nous l'ap-
» prend ailleurs, le temps perdu ne se
» retrouve jamais, et que ce que nous
» appelons *assez de temps*, se trouve
» toujours fort peu de temps. — Agissons
» donc, pendant que nous le pouvons,
» et agissons à propos. Avec de l'assi-
» duité, nous ferons beaucoup plus avec
» moins de peine. La paresse rend tout
» difficile, et le travail tout aisé. Celui
qui

» qui se lève tard a besoin d'agir toute
» la journée, et peut à peine avoir fini
» ses affaires le soir. D'ailleurs, la pa-
» resse va si lentement que la pauvreté
» l'a bientôt attrapée. Conduisez vos
» affaires, et ne vous laissez jamais
» conduire par elles. Un homme qui se
» couche de bonne heure, et se lève
» matin, dit le bonhomme Richard,
» devient bien portant, riche et sage.

» Que signifient donc les désirs, les
» espérances de temps plus heureux ?
» Nous pouvons rendre le temps meil-
» leur si nous savons agir. — L'activité
» n'a pas besoin de former des vœux ;
» celui qui vit d'espérance mourra de
» faim. Il n'y a point de profit sans
» peine. Je dois me servir de mes mains,
» puisque je n'ai point de terre ; ou, si
» j'en ai, elle est fortement imposée.
» Le bonhomme Richard dit que celui
» qui a un métier a un fonds de terre,
» et que celui qui a une profession a un
» emploi utile et honorable. Mais il faut
» alors qu'on fasse valoir son métier et

» qu'on suive sa profession; sans quoi
» ni le fonds de terre, ni l'emploi ne
» nous aideront à payer les taxes.

» Si nous sommes laborieux, nous ne
» mourrons jamais de faim. La faim re-
» garde la porte de l'homme qui tra-
» vaille, mais elle n'ose pas y entrer.
» Les commissaires et les huissiers la
» respectent également; car l'activité
» paie les dettes, et le désespoir les
» augmente. Vous n'avez besoin ni de
» trouver un trésor, ni d'hériter d'un
» riche parent : le travail est le père du
» bonheur, et Dieu donne tout à ceux
» qui s'occupent.

» Tandis que les fainéans dorment,
» labourez profondément votre champ ;
» vous recueillerez du bled et pour votre
» consommation, et pour vendre. La-
» bourez aujourd'hui, car vous ne savez
» pas combien vous pourrez en être em-
» pêché demain. C'est ce qui a fait dire
» au bonhomme Richard: Un aujourd'hui
» vaut mieux que deux demain; et en-
» suite : Ne remettez jamais à demain ce

» que vous pouvez faire aujourd'hui.

» Si vous étiez domestique ne seriez-
» vous pas honteux qu'un bon maître
» vous trouvât les bras croisés. Eh bien !
» puisque vous êtes votre propre maître,
» rougissez lorsque vous vous surprenez
» vous-même dans l'oisiveté, tandis que
» vous avez tant à faire pour vous-même,
» pour votre famille, pour votre patrie.
» — Ne mettez point de gants pour
» prendre vos outils. Souvenez-vous que
» le bonhomme Richard dit qu'un chat
» ganté n'attrape point de souris. — Il
» est vrai, qu'il y a beaucoup à faire, et
» peut-être manquez-vous de force. Mais
» ayez de la persévérance, et vous en
» verrez les bons effets. L'eau qui tombe
» constamment goutte à goutte finit par
» user la pierre. Avec de la patience
» une souris coupe un cable ; et de
» petits coups répétés abattent de grands
» chênes.

» Il me semble entendre quelqu'un
» d'entre vous me dire : — Ne faut-il
» donc pas se permettre quelques in-

« tans de loisir? — Mon ami, je veux
» vous apprendre ce que dit le bonhomme
» Richard. Si vous voulez avoir du repos,
» employez bien votre temps ; et puisque
» vous n'êtes pas sûr d'une minute, gar-
» dez-vous de perdre une heure.—Le loi-
» sir est un temps qu'on peut employer
» à quelque chose d'utile. L'homme la-
» borieux se procure ce loisir, mais le
» paresseux ne l'obtient jamais ; car une
» vie tranquille et une vie oisive sont
» deux choses fort différentes. — Bien
» des gens voudroient vivre sans tra-
» vailler, et par leur esprit seulement ;
» mais ils n'ont pas assez de fonds pour
» cela. Le travail, au contraire, mène
» toujours à sa suite la satisfaction,
» l'abondance et le respect. — Les plai-
» sirs courent après ceux qui les fuient.
» La fileuse vigilante ne manque jamais
» de chemise. Depuis que j'ai des brebis
» et une vache, chacun me souhaite le
» bon jour.

» Mais indépendamment de notre in-
» dustrie, il faut que nous ayons de la

» constance, de la résolution, des soins ;
» que nous voyions nos affaires avec nos
» propres yeux, et que nous ne nous en
» rapportions pas trop aux autres. Le
» bonhomme Richard dit : Je n'ai jamais
» vu un arbre qu'on transplante souvent,
» ni une famille qui déménage plusieurs
» fois dans l'année, prospérer autant
» que ceux qui ne changent point de
» place. — Trois déménagemens, dit-il
» encore, font le même tort qu'un in-
» cendie.— Conservez votre boutique et
» votre boutique vous conservera.— Si
» vous voulez que vos affaires se fassent,
» allez-y vous-même ; si vous ne voulez
» pas qu'elles soient faites, envoyez-y.
» — Celui qui veut prospérer par la
» charrue, doit la conduire lui-même.—
» L'œil du maître fait plus que ses deux
» mains.— Le défaut de soin fait plus
» de tort que le défaut de savoir. — Ne
» pas surveiller vos ouvriers, c'est laisser
» votre bourse à leur discrétion. — Le
» trop de confiance dans les autres est
» la ruine de bien des gens ; car dans

» les affaires de ce monde, ce n'est pas
» par la foi qu'on se sauve, mais c'est
» en n'en ayant pas.

» Les soins qu'on prend pour soi-même
» sont toujours utiles. — Si vous voulez
» avoir un serviteur fidèle et que vous
» aimiez, servez-vous vous-même. —
» Une petite négligence peut occasion-
» ner un grand mal, dit le bonhomme
» Richard. Faute d'un clou, le fer d'un
» cheval se perd; faute d'un fer, on perd
» le cheval; et faute d'un cheval, le ca-
» valier est lui-même perdu, parce que
» son ennemi l'atteint et le tue. Tout
» cela ne vient que d'avoir négligé un
» clou de fer à cheval.

» Mes amis, en voilà assez sur le
» travail et sur l'attention que chacun
» doit donner à ses affaires : mais à cela,
» il faut ajouter la tempérance, si nous
» voulons être plus sûrs du succès de
» notre travail.

» Un homme qui ne sait pas épargner
» à mesure qu'il gagne, mourra sans
» laisser un sou, après avoir eu toute

» sa vie le nez collé sur son ouvrage.
» Une cuisine grasse rend un testament
» maigre, dit le bonhomme Richard.
» Depuis que pour faire les honneurs
» d'une table à thé, les femmes ont né-
» gligé de filer et de tricoter, et que
» pour boire du punch, les hommes ont
» quitté la hache et le marteau, bien des
» fortunes se dissipent en même-temps
» qu'on les gagne.— Si vous voulez être
» riche, songez à ménager ce que vous
» acquérez. L'Amérique n'a pas enrichi
» les Espagnols, parce que leurs dépenses
» sont plus considérables que leurs re-
» venus.

» Renoncez donc à vos folies dispen-
» dieuses et vous aurez bien moins à
» vous plaindre de la dureté des temps,
» du poids des impôts, et de la diffi-
» culté d'entretenir vos maisons ; car les
» femmes, le vin, le jeu et la mauvaise
» foi, font qu'on trouve sa fortune petite
» et ses besoins très-grands. Il en coûte
» aussi cher pour maintenir un vice que
» pour élever deux enfans. Vous vous

» imaginez, peut-être, qu'un peu de thé,
» un peu de punch, de temps en temps,
» une table un peu mieux servie, des
» habits plus beaux, et quelque petite
» partie de plaisir, ne peuvent être de
» grande conséquence. Mais souvenez-
» vous que beaucoup de petites choses
» font une masse considérable. Prenez
» garde aux menues dépenses. Une petite
» voie d'eau, fait périr un grand navire,
» dit le bonhomme Richard. Le goût des
» friandises conduit à la mendicité. Les
» fous donnent des repas, et les sages
» les mangent.

» Vous êtes ici tous rassemblés pour
» une vente de meubles élégans et de
» bagatelles fort chères. Vous appelez
» cela des biens; mais, si vous n'y
» prenez garde, il en résultera du mal
» pour quelqu'un de vous. Vous comp-
» tez que tout cela sera vendu bon
» marché. Peut-être le sera-t-il, en
» effet, pour beaucoup moins qu'il ne
» coûte. Mais si vous n'en avez pas
» besoin, cela sera toujours trop cher

» pour vous. Rappelez-vous les maximes
» du bonhomme Richard : si vous achetez
» ce qui vous est inutile, vous ne tar-
» derez pas à vendre ce qui vous est
» nécessaire. Avant de profiter d'un bon
» marché, réfléchissez un moment. Ri-
» chard pense, sans doute, que le bon
» marché n'est qu'illusoire, et qu'en vous
» gênant dans vos affaires, il vous fait
» plus de mal que de bien.

» Voici encore deux dictons du Bon-
» homme. — Beaucoup de gens ont été
» ruinés pour avoir fait de bons mar-
» chés. C'est une folie d'employer son
» argent à acheter un repentir. — Ce-
» pendant, cette folie se fait tous les
» jours dans les ventes, faute de se
» souvenir de l'almanach du bonhomme
» Richard. — Pour le plaisir de porter
» de beaux habits, dit-il, beaucoup de
» gens vont le ventre vide, et laissent
» leur famille manquer de pain. — Les
» étoffes de soie, le satin, le velours,
» l'écarlate, éteignent le feu de la cui-
» sine. Loin d'être nécessaires, ces étoffes

» peuvent être à peine regardées comme
» des choses commodes ; mais parce
» qu'elles paroissent jolies, combien de
» gens sont tentés de les avoir !

» Par ces extravagances, et d'autres
» pareille, les gens du bon ton sont
» gênés, se ruinent et sont ensuite
» forcés d'emprunter de ceux qu'ils
» avoient méprisés, mais qui, par leur
» travail et leur sobriété ont su se main-
» tenir dans leur état. — C'est ce qui
» prouve, comme l'observe le bon-
» homme Richard, qu'un laboureur sur
» ses pieds est plus grand qu'un gentil-
» homme à genoux.

» Peut-être que ceux qui sont ruinés
» avoient hérité d'une fortune honnête,
» mais sans savoir par quels moyens
» elle avoit été acquise, et ils pensoient
» que puisqu'il étoit jour, il ne feroit
» jamais nuit. Mais, dit le bonhomme
» Richard, à force de prendre à la huche,
» sans y rien mettre, on en trouve bien-
» tôt le fond, et quand le puits est sec,
» on connoît tout le prix de l'eau. Mais

» c'est ce qu'on auroit su d'abord si l'on
» avoit consulté le Bonhomme.—Voulez-
» vous apprendre ce que vaut l'argent?
» Essayez d'en emprunter. Celui qui va
» faire un emprunt, va chercher une
» mortification, dit le bonhomme Ri-
» chard; et certes, autant en fait celui
» qui, après avoir prêté à certaines gens,
» redemande son dû.

» Les avis du bonhomme Richard
» vont plus loin. L'orgueil de se parer,
» dit-il, est une malédiction. Quand vous
» en êtes atteint, consultez votre bourse
» avant de consulter votre fantaisie :
» l'orgueil est un mendiant qui crie aussi
» haut que le besoin, et est bien plus in-
» satiable. Quand vous avez acheté une
» jolie chose, il faut que vous en ache-
» tiez encore dix autres afin d'être assorti.
» — Mais, dit le bonhomme Richard,
» il est plus aisé de réprimer la pre-
» mière fantaisie que de satisfaire toutes
» celles qui la suivent. Il est aussi fou
» au pauvre de vouloir singer le riche,
» qu'il l'est à la grenouille de s'enfler

» pour devenir l'égale d'un bœuf. Les
» grands vaisseaux peuvent se hasarder
» en pleine mer : mais les petits bateaux
» doivent se tenir près du rivage.

» Les folies de l'orgueil sont bientôt
» punies; car, comme le dit le bon-
» homme Richard, l'orgueil qui dîne de
» vanité, soupe de mépris. Il dit encore :
» L'orgueil déjeûne avec l'abondance,
» dîne avec la pauvreté, et soupe avec
» la honte. — Mais après tout, à quoi
» sert cette vanité de paroître, pour la-
» quelle on se donne tant de peine et
» l'on s'expose à de si grands dangers ?
» Elle ne peut ni nous conserver la
» santé, ni adoucir nos souffrances ; et
» sans augmenter notre mérite, elle nous
» rend l'objet de l'envie, et accélère notre
» ruine.

» Mais quelle folie n'y a-t-il pas à
» s'endetter pour des superfluités ? Dans
» la vente qu'on va faire ici, l'on nous
» offre six mois de crédit ; et peut-être
» cela a-t-il engagé quelques-uns de
» nous à s'y trouver, parce que, n'ayant

» point d'argent comptant, ils espèrent
» de satisfaire leur fantaisie, sans rien
» débourser. Mais, hélas ! songez bien
» à ce vous que faites, quand vous vous
» endettez. Vous donnez à un autre
» des droits sur votre liberté. Si vous
» ne pouvez pas payer au terme fixé,
» vous rougirez de voir votre créancier;
» vous ne lui parlerez qu'avec crainte ;
» vous vous abaisserez à vous excuser
» auprès de lui, d'une manière ram-
» pante; peu-à-peu, vous perdrez votre
» franchise, et vous vous déshonorerez par
» de misérables menteries. Le bonhomme
» Richard observe que la première faute
» est de s'endetter, et la seconde de
» mentir. — Les dettes portent le men-
» songe sur leur dos, dit-il ailleurs.

» Un anglais, né libre, ne devroit ja-
» mais rougir ni craindre de parler à qui
» que ce puisse être. Mais la pauvreté
» ôte à l'homme toute espèce de cou-
» rage et de vertu. Il est difficile qu'un
» sac vide puisse se tenir de bout.

» Que penseriez-vous d'un prince ou

» d'un gouvernement qui vous défen-
» droit, par un édit, de vous habiller
» comme les personnes de distinction,
» sous peine d'emprisonnement ou de
» servitude? — Ne diriez-vous pas que
» vous êtes nés libres ; que vous avez
» le droit de vous vêtir à votre fantaisie ;
» que l'édit est contraire à vos priviléges
» et le gouvernement tyrannique? Ce-
» pendant, vous vous soumettez volon-
» tairement à cette tyrannie, quand vous
» vous endettez pour vous parer !

» Votre créancier a le droit de vous
» priver de votre liberté, en vous con-
» finant dans une prison pour toute votre
» vie, ou en vous vendant comme un
» esclave, si vous n'êtes pas en état de
» le payer.

» Quand vous avez fait un marché,
» vous ne songez, peut-être, guère au
» paiement. Mais, comme dit le bon-
» homme Richard, les créanciers ont
» meilleure mémoire que les débiteurs.
» Les créanciers sont une secte supersti-
» tieuse et grande observatrice des nom-

» bres de jours, et des temps précis.
» L'échéance de votre dette arrive sans
» que vous y preniez garde, et l'on vous
» en fait la demande, avant que vous
» vous soyez préparé à y satisfaire. Si
» au contraire, vous pensez à ce que
» vous devez, le terme qui sembloit
» d'abord si long, vous paroîtra, en s'ap-
» prochant, extrêmement court. Vous
» vous imaginerez que le temps aura
» mis des ailes à ses talons, comme il
» en a à ses épaules. — Le carême n'est
» jamais long pour ceux qui doivent
» payer à pâques.

» Peut-être vous croyez-vous, en ce
» moment, dans un état prospère, qui
» vous permet de satisfaire impunément
» quelque petite fantaisie. Mais épargnez
» pour le temps de la vieillesse et du
» besoin, pendant que vous le pouvez.
» Le soleil du matin ne dure pas tout
» le jour. Le gain est incertain et pas-
» sager; mais la dépense est continuelle.
» Le bonhomme Richard dit qu'il est
» plus aisé de bâtir deux cheminées que

» d'entretenir du feu dans une. Ainsi,
» couchez-vous sans souper, plutôt que
» de vous lever avec des dettes. Gagnez
» tout ce qu'il vous est possible de gagner
» et sachez le conserver : c'est-là la
» pierre philosophale qui changera votre
» plomb en or; et quand vous posséderez
» cette pierre, bien est-il sûr que vous
» ne vous plaindrez plus de la rigueur
» des temps et de la difficulté de payer
» les impôts.

» Cette doctrine, mes amis, est celle
» de la raison et de la prudence. Mais
» ne vous confiez pourtant pas trop à
» votre travail, à votre sobriété, à votre
» économie. Ce sont d'excellentes choses :
» mais elles vous seront inutiles, sans
» les bénédictions du ciel. Demandez
» donc humblement ces bénédictions.
» Ne soyez point insensibles aux besoins
» de ceux à qui elles sont refusées ; au
» contraire, accordez-leur des conso-
» lations et des secours. Souvenez-vous
» que Job fut pauvre et qu'ensuite il
» retrouva son opulence.

» Pour

POLITIQUES, etc. 433

« Pour conclure ce discours, je vous
» dirai que l'école de l'expérience est
» chère : mais, comme le dit le bon-
» homme Richard, c'est la seule où les
» imprudens s'instruisent et encore est-ce
» fort rare ; car il est certain qu'on peut
» donner un bon avis, mais non pas une
» bonne conduite. Cependant, rappelez-
» vous que celui qui ne sait pas rece-
» voir un bon conseil, ne peut pas être
» utilement secouru ; et si vous ne voulez
» pas écouter la raison, dit encore le bon-
» homme Richard, elle vous frappera sur
» toutes les jointures de vos membres. »

Le vieil Abraham finit ainsi sa harangue. Les gens qui l'avoient écouté et approuvé, ne manquèrent pourtant pas de faire aussitôt le contraire de ce que prescrivoient ses maximes. Ils agirent comme s'ils venoient d'entendre un sermon ordinaire ; car dès que la vente commença, ils achetèrent à l'envi et de la manière la plus extravagante.

Je vis que le bonhomme avoit soigneusement étudié mon almanach, et

Tome II. E e

mis en ordre tout ce que j'avois dit sur le travail et l'économie, durant l'espace de vingt-cinq ans. Les fréquentes citations qu'il avoit faites de moi, auroient été ennuyeuses pour tout autre : mais ma vanité en fut merveilleusement flattée, quoique je fusse bien certain que la dixième partie de la sagesse qu'il m'attribuoit, ne m'appartenoit pas, et que je n'avois fait que recueillir quelques maximes du bon sens de tous les siècles et de toutes les nations.

Cependant, je résolus de faire mon profit de ce que je venois d'entendre répéter; et quoique j'eusse d'abord eu envie d'acheter de l'étoffe pour un habit neuf, je me retirai dans la résolution de faire durer le vieux un peu plus long-temps. — Lecteur, si vous pouvez en faire de même, vous y gagnerez autant que moi.

RICHARD SAUNDERS.

Fin du dernier Volume.

TABLE DES ARTICLES

Contenus dans ce second Volume.

LETTRE sur les innovations dans la Langue anglaise, et dans l'art de l'Imprimerie. A Noé Webster, à Hartford. Page 1

TABLEAU du principal Tribunal de Pensylvanie, le tribunal de la Presse. 15

SUR l'art de Nager. 25

NOUVELLE mode de prendre des Bains. 31

OBSERVATIONS sur les idées générales concernant la Vie et la Mort. 34

PRÉCAUTIONS nécessaires dans les Voyages sur mer. 39

SUR le Luxe, la Paresse et le Travail. A Benjamin Vaughan. 51

Sur la Traite des Nègres. Pag. 63

Observations sur la Guerre. 72

Sur la Presse des Matelots. 76

Sur les Loix criminelles, et sur l'usage d'armer en Course. A Benjamin Vaughan. 85

Observations sur les Sauvages de l'Amérique Septentrionale. 102

Sur les dissentions entre l'Angleterre et l'Amérique. A M. Dubourg. 120

Sur la préférence qu'on doit donner aux Arcs et aux Flèches sur les armes à feu. Au major-général Lee. 123

Comparaison de la conduite des Anti-fédéralistes des États-Unis de l'Amérique, avec celle des anciens Juifs. 128

Sur l'état intérieur de l'Amérique, ou tableau des vrais intérêts de ce vaste continent. 138

Avis à ceux qui veulent aller s'établir en Amérique. 151

Discours prononcé dans la dernière Convention des États-Unis. 173

PROJET d'un Collége anglais, présenté aux Curateurs du Collége de Philadelphie. Pag. 179

SUR la Théorie de la Terre. A l'abbé S.... 195

PENSÉES sur le Fluide universel, etc. 205

OBSERVATIONS sur le rapport fait par le bureau du Commerce et des Colonies, pour empêcher l'Etablissement de la province de l'Ohio. 211

SUR un plan de Gouvernement envoyé par le cabinet de Londres en Amérique. Au gouverneur Shirley. 307

Au même. 308

Au même. 319

LETTRE de lord Howe à Benjamin Franklin. 326

RÉPONSE de Benjamin Franklin à lord Howe. 329

RÉFLEXIONS sur l'augmentation des Salaires qu'occasionnera en Europe la révolution d'Amérique. 336

DIALOGUE entre la Goutte et Franklin. 358

TABLE DES ARTICLES.

LETTRE à Madame Helvétius. Pag. 370
LE Papier, poëme. 380
CONTE. 384
FRAGMENT de la suite des Mémoires de Franklin. 388
LE Chemin de la fortune, ou la Science du Bonhomme Richard. 413

Fin de la Table du dernier Volume.